ひとり社長の経営サバイバル

ぱる出版

まえがき

本書は、コロナ禍を生き抜くための「ひとり社長」という固定費を最小限に抑えた経営方法をお伝えする指南書です。

ひとり社長の本は昨今増えておりますが、この令和のコロナ禍における大変な事業環境で生き抜くための本は、まだ少ないような気がします。

現在、中小企業はコロナによる様々な影響を受けて、苦しんでおります。

そして、コロナ禍を乗り切るために、様々な努力をしております。今が耐え時として、頑張っております。

私の本業は保険代理店です。

毎日、ひとり社長で仕事をしておりますが、当社も皆さん同様にコロナで大変な影響を受けております。

こうしたコロナ禍の厳しい環境を生き抜くために必要な固定費を削減する方法を中心にお届けしていきたいと思います。

この本を特に、読んでいただきたい方は

「これから起業しようと考えている会社員の方」「コロナ禍で経営が厳しい中小企業の経

営者の方」「ひとり社長の方」で、参考になる事例と〝おススメ〟ポイントを多めに書きました。こうした読者の実態に合うような「学び&学び直し」の本となっているはずです。

そして一点ご理解頂きたいのですが、本書は、売上高を伸ばすための情報を記載した本ではありませんので、ご注意ください。

本書は、今ある売上高で利益率を上げていき、会社にお金を残すためにはどうすべきかという点に主眼を置いて書きました。なぜなら、売上高を伸ばすための手段は、業種や商品によりさまざまであり、限られた頁数でそれぞれ説明することは難しいと思ったからです。固定費の削減はある程度、多くの方にも共通するテーマだと思いましたので、選択しました。

これからの時代、成長市場は除いて、既存の成熟した市場に存続している中小企業は人口の減少によって、

更に経営が厳しくなっていくことが予想され、私はコスト削減をしていくことがとても大事なことだと考えております。そして、会社は、コスト削減ですぐに利益を上げることが可能です。

本書では、コスト削減のために細かい販管費にまでチェックを入れて、書きました。

人によっては、お金をたくさん使って、経済を回して、たくさん売上高を上げていくんだ！っていう素晴らしい考え方をお持ちの方もいるかと思いますが、勿論、それも大事なことなので、私もその通りだと思いますし、否定するつもりは全くありません。

ただ、私は当たり前のことですが、売上高を上げていくことと、同時にコスト削減も行わなければいけないと考えております。それは、中小企業はコスト削減しなければ、内部留保を貯めることが容易ではなく、内部留保を確保しなければ、急な経済環境の変化に耐える現金預金が無く、倒産する危険があるからです。

最近、著名人から「貯金はせず、お金は使おう」という話を多く聞きますが、TVやYouTubeなどで発信をしている経営者の方は、売上高も大きく、利益率の高い仕事が多いため、たくさん経費を使っても、会社の資金繰りに問題ないので、そのように言えるのです。しかし、我々は決して、それを鵜呑みにしてはいけません。

彼らは、お金を使っても毎月多額のお金が入ってくるから言えることなので、我々とは世界が違うので、聞き流した方が良いでしょう。

当たり前のことですが、お金は使えば減ってしまいます。逆に、お金は使わなければ貯まります。

それ以外にはありません。シンプルに考えた方が良いでしょう。

法人の税金の考え方についても、本書に入る前に、お伝えさせて下さい。

中小企業の多くの経営者は、法人税を気にし過ぎていて、払いたくないと考えて、経費を使っている方が多くいます。**それは全くの間違いです**。

経費を使えば、会社のお金は無くなります。経費を使わなければ、法人税等の税引き後の利益を内部留保していくことが出来ます。結果として、法人税を支払った方が、会社にお金が溜まっていきます。

当たり前のことなのですが、税金を気にして、お金を使うのはもうやめましょう。

コロナ禍で中小企業が経営を続けていくことの苦労を感じた方は多いと思いますので、あらゆる経済環境の変化に耐えるような長く続く中小企業を目指し、内部留保を蓄積していきましょう。

それでは、はじめていきます。

ひとり社長の経営サバイバル――CONTENTS

第2章
ひとり社長なんだから利益をキッチリ出せる会社にしよう！

第3章 非常識が新常識！ 法人化の最大メリットは、社会保険料の削減

第4章 非常識が新常識！ 節税対策にならない法人での株式投資をやるべき理由

第1章——【学び&学び直し】

なぜ、ひとり社長がおススメなのか？
実はこういうことなんです

Sec.1 事務所がいらない

最初に一番大事なことを書きます。それは、ひとり社長には、**事務所はいりません！**

なぜ、事務所はいらないのかというと、事務所が無くても売上高に影響がないからです。

しかし、実際は会社を設立する際に、固定概念で事務所を借りる人が多くおります。

会社員時代は当たり前に事務所で仕事をしていたため、自ら会社を設立しても事務所で仕事をしたいからでしょう。ただ、本当にその事務所は必要なのかどうかを改めて精査してから、借りたり、既に借りている人は、解約した方が良いでしょう。

飲食店などで店舗が必要な業種や人を採用している会社は、仕方が無いと思いますが、それ以外のひとり社長であれば、検討するべきです。

理由は、法人経営をする中で、事務所の家賃は販管費の中でも大きな割合を占めているからです。

事務所の家賃は毎月支払いがありますので、年間を通じて考えると大きな費用になります。

少しでも家賃を安くすることが出来れば、その分会社の利益は増えていきます。

なので、カッコつけて高い家賃の事務所にするべきではありません。

また、事務所は一旦決めると、簡単に変更が出来ないので、慎重に選択すべきです。

事務所の移転は、多くの手間と時間とコストがかかります。

具体的には、顧客に対して移転したことの案内をすることや引っ越し代や登記費用も発生しますので、一度決めたオフィスは原則変更しない方が良いでしょう。
※法人になると、社長の自宅を転居しただけでも約1万円の登記費用がかかります。

結論としては、まず事務所の必要性をよく考えて、どうしても事務所が必要であれば、安い家賃の事務所を探し、そこから移転しないという決断をした方が良いです。

勿論、会社の成長によって、事務所が手狭になり、広いところに移転するというケースはとても良いことなので歓迎すべきなのですが、そうではない理由での移転はしないに越したことはないでしょう。


事務所は今や様々な形態があります。

大きく分けると、「一般的な事務所」と「シェアオフィス」と「自宅オフィス」の３つがあります（図1参照）。

ご自身にとって、最適なオフィスを決断してください。

ひとり社長の方におススメなのは、シェアオフィスと自宅オフィスのハイブリッドだと思います。

本店登記をシェアオフィスにして、メインの業務を自宅に一部屋個室を作り、書斎としてそこで、仕事をするという方法です。

このメリットは、シェアオフィスにすることで家賃を抑える事だけでなく、自宅の転居によって、本店所在地を変更する必要が無いため、顧客に対して、何か通知をする必要が無いということです。

また、防犯上、自宅が本店になりますと、インターネットや名刺などで自宅を公開する事になるので、リスクがありますが、シェアオフィスを本店にすれば、自宅開示をする必要もありません。

税金面についても、自宅の1室を書斎として利用していれば、その利用分の家賃についても法人の経費に算入することが可能ですし、おススメできる方法だと思います。

また、人によっては、夜中に仕事を集中してやる方も多いと思いますが、自宅に1室書

図１　事務所の形態

	メリット	デメリット
通常の事務所 (例) マンションの１室のような事務所や事務用建物のオフィスなど	・完全個室のため、セキュリティが確保しやすい。 ・情報管理の安全性が高い。 ・床面積が広いので、仕事で使う全ての物を事務所内に保管することが出来る。 ・応接室をいつでも予約せずに利用できる。 ・仕事内容に合わせてデスク等のレイアウトが可能。 ・人を雇いたいと思った時に採用に有利。 ・きれいなオフィスを選択することで、ブランディグに繋げることが出来る。 ・作業スペースが広く使える。	**・水道光熱費がかかる。** ・賃料が高い。 ・契約時の保証金（家賃の数か月分）が高額。 ・通勤の交通費・時間がかかる。 (事務所を都心に置いた場合、近くに住めば交通費・時間がかからないが、結果、自宅家賃が上がるケースがある。総合的にお金がかかりやすい。) ・外食費がかかりやすい。 ・水分補給代がかかる。 ・自宅でも仕事が出来るスペースを整える場合には２重にデスク等が必要になる。
シェアオフィス	・個室あり、共有部のみ、ポスト、ロッカーなど自分の好みに合わせて借りることが出来る。 **・水道光熱費が不要。** ・賃料が安い。 ・保証金が無く、登録料のみで初期費用が低額。 ・共有の全ての物を利用が可能。（プリンタなど） ・人脈が広がる。（起業家の仲間が増えることがある）	・共有のオフィスになるため、セキュリティの面で不安。 ・他人の声も聞こえるため、仕事の邪魔になることもある。 ・郵便ポストが無いケースも多い。 ・オフィスの利用時間に制約があるケースもある。 ・水分補給代がかかる。 ・他の方が応接室を利用していることもあり、自由に使えない。 ・人を雇いにくい。
自宅オフィス （自宅の一室に書斎を作る）	・家賃の一部を法人の経費に出来る。 ・昼食代が格安で済む。 （（例）冷凍食品の活用で、節約ができる。） ・夜中に昼間と同じ状態で仕事が出来る。 ・休日の問い合わせにもすぐに対応が出来る。 ・通勤の交通費がかからない。 ・水分補給代が格安で済む。	・プライベートとの区別がつかなくなる。 ・自宅は誘惑が多く、いつでもサボれてしまうので、意志が弱い人には向かない。 ・自宅の１室を書斎にするので、部屋数を増やさないといけないため、自宅の引越が必要なケースも多い。 ・小さな子供がいる家は、集中できないケースもある。 ・人を雇いにくい。

斎を作ることで、メリットとしては、自宅にいるときは、いつでも24時間、すぐに仕事をすることが出来る体制を整えることが出来るのです。

資料も全て自宅にあるため、あれが無いとかこれが見れないといった理由で、困ることもなく、休日であってもすぐに仕事が出来る環境になります。

勿論、自宅のデメリットもあります。

それは、逆に仕事中にすぐにさぼることも出来るので、意志が弱い人にはおススメ出来ません。

しかし、独立する人は、そもそも会社員よりもやりたいことがあって、独立を選択していると思います。

その仕事が好きだから独立という選択をしている人も多いと思います。なので、モチベーションの高い人が多いと思いますので、自宅事務所でメインの仕事をするというやり方は問題無いように感じます。

近年、コロナの影響で会社員も在宅勤務が増え、自宅に1室書斎があった方が良いという状況になりました。

コロナ後も在宅勤務が続くか分かりませんが、書斎の必要性は高まっている気がします。

ここで話が戻りますが、事務所を借りるということは、決して家賃だけがかかるものではありません。

別途、「水道光熱費、通勤交通費、昼食代（自宅事務所でもかかりますが、外食の方が高い）」の費用がかかるという事を念頭に入れる必要があるのです。

更に、通勤時間もかかります。通勤時間も自分の時給を計算すれば、お金を払っていることと同じです。

仮に、人によって異なるのは承知ですが、ざっくりと水道光熱費月１万、通勤交通費月１万、昼食代月２万（１日１，０００円×20日）とすると、合計で４万円です。年間で48万円です。この金額だけで、小さな事務所代ぐらいになってしまいます。

更に細かい話ですが、別途自販機で水を買えば、水分補給代がかかります。自宅にいれば、水は格安で飲むことが出来ます。

ただ、事務所を借りても弁当と水を自宅から持っていけば、昼食代や水分補給代はかからないのではないか？という意見もありますが、毎日弁当と水を準備して持っていくのは、なかなか大変です。手間も非常にかかります。

水は仕事中は1リットルは欲しいでしょうから、持っていくと重いし、嫌になると思います。

なので、弁当と水の持参はなかなか、長続きしない方が多いです。


自宅をメイン事務所としている方にも交通費以外に勿論、昼食代、水道光熱費もかかりますが、事務所を借りている時程にはかかりません。そして、節約すれば、格安で済みます。

余談ですが、私は自宅の書斎で仕事をしていることが多いのですが、ランチは殆ど冷凍食品のパスタや汁なし担々麺にしています。冷凍食品の麺類は200円以下で美味しいものが増えています。

そのような冷凍食品を利用することで、自宅のランチ代は、200円以下で済ますことも可能です。それだけ節約につながります。

日清食品の汁なし担々麺の冷凍食品は360gもあって、とても安くて美味しいのでおススメです。

飲食店に負けない味ですので、お試しください。

因みに冷凍食品はスーパーのオーケーで購入すると、とても安いので、おススメです。

勿論、事務所でも冷凍庫付の冷蔵庫と電子レンジを準備して、冷凍食品を食べることも可能ですが、事前に買い出しをしておかないといけないし、色々と手間はかかるでしょう。

■学び＆学び直しの〝気づき〟

私がお伝えしたいことは、中小企業は一律に事務所を借りない方が良いという訳ではなく、事務所を借りるということは、これだけ「お金」がかかるということを認識してほしいということです。

事務所を借りることで、発生する費用以上に粗利（売上－仕入）を稼ぐことが出来るのであれば、絶対に借りた方が良いです。

※売上ではなく、粗利で考える癖をつけましょう。家賃などの固定費はその金額が直接利益を奪います。

家賃が４万円だから、毎月４万円の売上を増やせば良いと考えると、経営は上手くいきません。

その売上高では、家賃が払えません。売上高から仕入を引いた粗利から販管費は支払うので、その粗利の金額が４万円以上増えるのであれば、その事務所を借りるべきです。

なので、中途半端なのが、社長1人とパート1人のような小規模な会社で事務所を借りているケースです。士業などの大事な資料がいっぱいある業種、商品の在庫を置くスペースが必要な業種、広い作業スペースが必要な業種など、事務所が無いと仕事が出来ない業種を除けば、不要なケースも多くあると思います。

シェアオフィスと自宅オフィスのハイブリッドにし、パートに頼んでいた仕事を社長が自らやれば、それだけで現状の売上のままで利益が大きく出るのではないでしょうか。

会社は利益を出すには、経費を削ることが一番の近道です。

また、会社設立後すぐにパートを採用したがる人は偏見かもしれませんが、自宅の家事をやっていない男性に多いのではないでしょうか。

例えば、家の掃除、洗濯、料理、皿洗い、ゴミ出しなど、基本全て自分でやれば出来ることです。独身の方はご自身でやっていると思いますが、結婚している多くの方は、奥さんに任せているのではないでしょうか?

勿論、専業主婦であれば、任せても良いのかもしれませんが、本来、2人で家事を協力して行うことで、妻には正社員として働いてもらい、世帯収入を確実に上げることが出来ます。

同じ時間で働いてもパートは低収入なのに、正社員は有給休暇、賞与、退職金、育児休暇もあるため、高収入になります。正社員は、将来の厚生年金の受給も出来ます。

確かに正社員は仕事の責任が重く、勤務時間も長いということもありますが、新卒から長く勤めている大企業であれば、子供がいることが前提ですが、「時短勤務」という妻の最強の働き方があります。

パートで働くよりも確実に収入が高く、その会社の福利厚生もそのまま利用出来るため、素晴らしい制度です。将来結婚して、子供を産みたいと考えている女性は可能な限り、大企業に就職した方が良いのは、時短勤務があるためです。そう考えると、女性は国家資格を取得する道を目指す人以外は、大卒の方が良いと思います。

理由は、大企業の採用基準に大学卒業程度という要件が多いからです。

今後採用基準も変わっていく可能性もありますが、現時点に合わせて行動をしていくことが大事です。

更に、この後話しますが、妻が正社員であれば、夫が役員報酬を０円にして、妻の扶養に入るというひとり社長の賢い方法が可能になります。なので、結婚されている男性は可能な範囲で家事は率先してやるべきだと思います。掃除、ゴミ出し、皿洗い、洗濯ぐらいならさほど時間もかからずに出来るでしょう。

運動にもなるし、例えばですが、ジムに行くのをやめて家事をやったらいいと思います。

Sec.2 税理士も不要に出来る

インターネットで「ひとり社長」と検索すると、「税理士は必須」だとの意見が多いです。その理由は、そのサイトを作っている人が、税理士を紹介して、収入を得ているからそのように書くのです。

いわゆるポジショントークでしょう。

世の中、アフィリエイトも多くありますので、ネット情報を鵜呑みにするのは危険です。必ず、自分で調べてから考えましょう。

実は私も、そうしたネット情報や世間体に流されて、会社設立前には税理士は必ず必要なものとして考えておりました。創業時の事業計画書では、税理士費用も考えて、作成しておりました。

しかし、いざ会社経営をしてみると、**経理処理は全て自分で出来る**もので、正直税理士がいれば良かったという場面はございませんでした。

私たちは税理士と違い、自らの会社だけの経理処理をすれば良いのです。

自らの事業を一番理解しているのは社長ですから、そう考えると、自分でも経理処理が出来る気がしてきませんか？

ひとり社長の会社の規模では、経理処理も少なくなるため、仕訳が出来れば、決算実務は会計ソフトで作成が可能で、自分で決算書の作成が出来るようになります。

私は挑戦すべきだと思います。

ここで、整理として、税理士を不要にすることで得られる２つの大きなメリットをご紹介します。

【税理士を不要にすることで得られる2つのメリット】

①**経理処理を覚えることが出来ること。**

会社経営する上で、経理処理を覚えることは必須の力だと思います。

自分の会社の財務諸表の見方がわかない人は会社経営は出来ないと思います。

②税理士報酬について、会社経営を続けていく限り削減出来ること。

会社経営を続ける限り毎月、税理士費用は発生するものなので、一度覚えて、自分で出来るようになったら、会社経営を続けていく限り、恩恵を受けることが出来ます。

例えば、会社を20年経営したとしたら、例えば、顧問料が毎月2万+決算対応で20万円だったとして、

年間44万×20年＝８８０万円ですから、とても大きな金額になります。この金額を節約できる可能性がある訳です。何度も言いますが、なるべく自分で出来るようになりましょう。

よく税務署から監査に入られた時が怖いといった話も聞きますが、私は怖くはないと思います。

確かに、税務署が入り、間違った経理処理をしていたら、高い勉強代を払わなければならないリスクもありますが、そこで間違いを是正すれば、正しい経理処理を学ぶことが出来、自分の知識になります。

結果的に、経理処理の正確性が上がり、税理士はますます不要になるでしょう。

私の考えですが、ひとり社長の規模の会社であれば、追徴課税を払ってでも税理士を頼

まない選択をした方が良いのではないかと思います。ただ、経営者の中には、会計が苦手な人もいるかと思います。

そういった方には無理におススメはしません。個人的には、簿記２級程度の知識を持っている方であれば、出来ないものではないと思います。

経理処理を社長自らが行うと、販管費の削減につながることは多いと思います。

自ら帳簿をつけていると、この事務所代って高いなとか、保険料の負担が大きいなとか、この人件費高いなとか、色々と肌で感じることは多い気がします。

この感覚ってとても大事なことで、そう感じたら見直しを検討していけば、会社の利益はさらに増えるでしょう。

次からは、税理士を頼まない経営者にとって、助けになるサイトをご紹介いたします。

是非とも参考にしてください。

【税理士を頼まないひとり社長の強い味方】

●税理士ドットコム

このサイトでは、無料で税理士に質問が可能です。

税理士は質問の回答から、顧問契約につながる可能性があるため、真剣に正しい情報を教えてくれます。

自ら経理処理を行っている際に、インターネットで調べても解決しない場合には、こちらに質問すればいいのです。そうして、少しずつ勉強をしていくことで、自分の業務の経理処理を覚えることが出来るのです。

●すまいのくらしのアシスタントダイヤル

こちらは、損保ジャパンの火災保険の契約者が利用出来る無料の付帯サービスなのですが、そのサービスの中に、平日10時〜午後5時までの時間で30分の限定ではありますが、税務相談サービスが付帯しております。

原則予約制にはなりますが、こちらも無料で税務相談が出来ます。

分からないことがあれば、まずはこの2つを使って、経理処理の悩みを解決しましょう。

●国税局の電話相談センターや税務署

こちらも最大限利用しましょう。決算申告書の作成で悩むことがあれば、こちらに聞けば解決するでしょう。

イメージとしては、決算期の途中であれば、税理士ドットコムやアシスタントダイヤルで確認をして、正しい経理処理を行い、決算の時には国税局の電話相談センターや税務署で確認するという流れで活用していけば、自ら決算を行う事は可能でしょう。

【おすすめ会計ソフトのご紹介】

●税理士いらず

こちらのソフトは小さな会社に特化した会計ソフトです。

法人税の確定申告に必要な法人決算書と法人税申告書一式を自力作成するための支援ソフトです。

特徴は、法人税申告書を作成できる会計ソフトは他にない点です。

費用は、新規購入が１６，５００円（税込み）、バージョンアップ手数料が5，５００円（税込み）という格安な設定です。大手会計ソフトのような銀行情報との連携をして自動仕分けをするといった仕組みが無いので、自分で仕訳をしなければ、経理処理が出来ないため、手間がかかりますが、慣れてしまえばさほど手間には感じません。

導入費用及び維持費用も格安なので、検討しても良いかと思います。合わなければやめればいいです。

16,500円のコストですから、挑戦しても良いと思います。

私はこのソフトが無ければ、税理士に頼むことなく、決算申告書を作成することは出来なかったと思います。こちらで作成したものを実際に、税務署に持ち込んで、チェックをしてもらい、法人税も払う事が出来ましたので、おすすめなソフトです。
※問い合わせは電話が無いので、全てメールになります。
メールの回答も3営業日以内には返信をして頂けるので満足しております。

Sec.3 人件費の新常識

会社といったら、経理のパートを雇ったりなど、人を雇うことが当たり前のイメージがありますが、決してそんなことはありません。パートの費用は確かに安いので、お願いをしている人は多いと思います。

パートは人件費だけ見ると格安で、時給1,000円で色々とやってもらえます。

パートを雇う事で自らやっていた事務処理が減少し、本業の営業活動に専念できればそ

図2　パートを雇う事で発生する費用やリスク

パートを雇用することで生まれる費用やリスク	・事務所が必要になる。 （リモートで仕事を依頼する方法もあるが、頼む方が面倒になるケースも多い） ・毎月の給料の計算と支払い。 ・パートが急に休んだ時の臨時対応。 ・面倒な人や性格的に会わない人を採用した時の精神的辛さ。 （すぐに解雇すればいいが、解雇するのもストレスがかかる） ・サボられることでの人件費の無駄。

れはベストだと思います。

ただ、果たしてそう簡単にうまくいくのでしょうか？

パートを雇う事は、決してその人の人件費だけがかかる訳ではありません。

パートを雇ったら、パートが使用する机、イス、ＰＣの購入、交通費、毎月の給与の支払い手続き、パートのシフトを決める事、パートに仕事を頼むために説明する時間、事務所を借りる家賃など、パートを雇ってしまった結果、パートの人件費以外にこれだけ費用や時間がかかるという事を理解しなければなりません。

私は、パートの採用も慎重に考えた方が良いと思います。

パートを雇うのであれば、まだ、業務委託の方が良いと思いますが、人に頼むのも時間や手間がかかりますから、できることは自分でやるべきだと思います。

一覧で、パート採用のリスクを記載したので見てください（前頁図2）。

次は社員採用の場合ですが、確かにパートよりもコストはかかりますが、社員はその会社の成長に直結するので会社を大きくしたい人には、絶対に必要です。

ただ、社員採用も大きなリスクがあります。それは、「社員の退職金の支払い」です。会社全体の退職金制度の導入率は7～8割といわれているため、2～3割は退職金が無い企業となります（就労条件総合調査：厚生労働省）。

なので、退職金制度は作らなければ、リスクは回避できますが、優秀な社員を採用するためには退職金規定は必要でしょう。

社員採用のメリットの話に戻りますが、優秀な社員の場合、会社の成長に一番大事な「売上」に貢献してくれます。給料以上の売上を上げてくれる社員もいるでしょう。

■学び&学び直しの〝気づき〟

そして、ここが一番大事なことなのですが、営業が必要な業種の場合には、**社員が頑張っ**

て獲得した顧客は「会社の顧客」として、社員が退職した後も、その顧客は残ります。

なので、優秀な営業社員がいると、会社にとって、顧客拡大をしていく上で、とても効果が大きいです。

一例をあげて、ご説明いたします。

生命保険会社は多くの社員を採用し、たくさん離職しても問題ありません。

その理由は、その社員の縁故知人が保険契約をすれば、その社員が退職した後にも顧客は会社に残るので、その利益を会社は永年獲得することが出来るためです。

実際に、私は保険の仕事をしておりますが、一例ですが、お客様から生命保険の相談に際して、外資系生命保険会社の保険証券を良く拝見しますが、「担当とはどのような関係ですか？」とお聞きすると、たいてい、契約時の担当者はもう退職して別の方が担当しているという話をよく聞きます。

退職した方は、保険の乗合代理店に行ったり、保険業界から離れている人も多いそうです。

それだけ離職率の高い仕事なのでしょう。

退職理由は、色々あるかと思いますが、一番は、新規開拓営業を紹介だけで続けていくということに限界を感じて、退職するという人が多いと思います。外資系生保は紹介セールスが基本ですから、そうなるのは必然です。

勿論、保険の契約をしてくれたお客様がみんな知り合いを紹介をしてくれるお客様だけでは無いからです。

どこかで紹介の連鎖が止まり、訪問先が無くなり、精神的にきつくなり、給料も下がり、退職するということが多いです。

また、外資系生命保険会社に休日はありません。

どんなに仕事が好きな人でもプライベートを全く無視して、仕事だけを続けていると辛くなるので、退職者が増えているのだと思います。

ただ、一方、会社目線から考えると、別にその方が退職しても、会社は変わりの人間に引継いでもらえば問題ありません。なので、退職者が多いことをあまり気にしていません。

そもそも、社員の循環を良くするべく、給料は完全歩合給にしている面もあります。

保険を売れなければ、給料は下がり、生活できないため、退職となります。とてもシンプルな組織だと思います。

生命保険会社は、社員の循環を良くしていった方が、新たな社員が獲得する親族、友人、前職の取引先の顧客などを入社する度に獲得できるので、有難いと考えているのではないでしょうか。

勿論、長く紹介セールスの営業で続けている方もいるのかもしれませんが、ほんの０・数パーセントでしょう。

外資系生命保険会社の主力商品は、貯蓄性の高いドル建て終身保険です。

昨今の低金利で、ドル建て終身保険の利回りも下がっている中、生命保険だけで食べていくことがどんなに大変なことか、想像すると分かります。

話を戻しますと、社員の採用は、優秀な社員がうまく定着し、増えていくと、社長が居なくても会社が回る状態を作ることが出来ます。ただ、中小企業では、社長の目が行き届かなくなると、組織は緊張感が無くなり、サボる社員が現れ、衰退します。企業が倒産の道に進むケースを良く目にしましたが、やはり、人間の思考は易きに流れるということが多いのでしょう。社員は基本、みんなサボりたいのです。常に監視や管理の目が必要で、社長が一番働いている会社は成長しています。なので、いくら社員を雇っても社長は楽できないと思った方が良いでしょう。

ただ、多くの社員を採用し、会社の売上高も上がり、会社が大きくなっていくと、社員が社員を管理できる体制になっていきます。そのような組織になると、社長の仕事量も少なくすることが出来、会社経営として、非常に安定した組織になると思います。そこまでの道のりは、非常に険しいので、一代でその規模の会社を作るには、リスクも取って、働いていかなければなりません。

当社が行っている保険代理店の事業では、ある程度会社の規模を大きくすることは出来るかもしれませんが、会社を上場出来るような規模にすることはまず出来ないと思っています。

なので私は、中小企業として、利益を上げていくことを重視していきたいと思っております。

この本は、経営者に向けての本ですが、話が脱線してしまいますが、会社員の立場からの話もさせて下さい。

よく「仕事をどんなに頑張っても会社の売上高になるだけで、自分の給料は変わらない」と愚痴を言う人がいるかもしれませんが、経営者の立場から考えてみると、それは当たり前のことなのです。

※私も会社員時代、頑張っても給料が変わらないのはなんでだろうと同じことを考えて

ました。

営業会社の場合で考えると、仮に、中小企業が社員の稼ぐ売上高以上の給料の支払いをしていたら、確実に会社は倒産します。会社を運営していくためには、多くの経費がかかるのです。

独立をして会社を経営してみないと分からないことですが、今の会社の給料に不満を持っている人は、会社員というのはそういうものだと割り切った方が良いです。

もし、これから独立したいと思う人がいたら、その人は、独立したい分野で会社員として働き、とにかく自分のスキルを上げるために、一生懸命に目の前の仕事を頑張った方が絶対に良いです。

最近は、会社を利用するという考えがネット上にもあり、頑張って働いても給料は大幅に変わらないから、程々に働き、副業を頑張るという考え方もあります。

会社員の仕事の時間を短くして、副業を頑張って、独立を目指すという方法です。

最近は在宅勤務も増えているので、副業の機会は増えているでしょう。

確かに副業はやらないよりはやった方が良いですが、将来的に独立に繋がる副業を選択することが大事です。

例えば、ウーバーイーツやメルカリなどといった副業は、趣味程度にやったり、独立資金を貯蓄するために行うのであれば良いのですが、直接的に独立につながる仕事ではないので、本当に独立して起業を目指すのであれば、やらない方が良いでしょう。王道は、独立をしたい仕事をやっている会社に就職して、頑張って働き結果を出していくことで、独立しても稼いでいける仕事の能力を身に付けることが出来ます。なので、いっぱい働くことは、「将来の自分の為」と考えて、今ある仕事を真面目に取り組んでいった方が、将来、やりたい仕事を選択できるようになるでしょう。

私は、大学を卒業して最初に信用金庫で働いていたのですが、自分の営業スキルを上げていきたいと真剣に思って、働いていました。信用金庫は歩合が無いので、モチベーションを保つことが大変でしたが、営業スキルを上げることで、次のステップに進むことが出来ると信じて、頑張りました。

会社を退職しても生きていけるようになりたいと思い、さぼらずに飛び込み営業も行い、真剣に働きました。

その頑張りがいまの独立に繋がっていると思っております。

話が脱線しましたが、

現在会社を経営している人は、自らの会社が将来どうなっていきたいかを真剣に考えてほしいです。

規模を拡大していくも良し、会社の利益を上げることを一番に考えるも良し、全ては自分の裁量で決めることが出来るということが会社経営の醍醐味であり、面白さなのです。

決して、人任せにせず、自分の頭で自分の会社の未来のことを深く考えて、経営判断をしていけば、きっと、自分の理想としていた働き方や組織を作ることが出来ると思います。

勿論、会社の上場といった大きな夢は実現が難しいのですが、目標を持って、会社経営をしていくことは大事なことでしょう。

Sec.4 コロナ禍の中小企業のベターな計画

少しコロナ渦の話をしていきたいと思います。多くの会社で売上高が急減しています。

特に、訪日観光客を顧客にしていた会社は、訪日外国人が２０２０年４月からほぼ日本

図３　訪日外国人数の推移

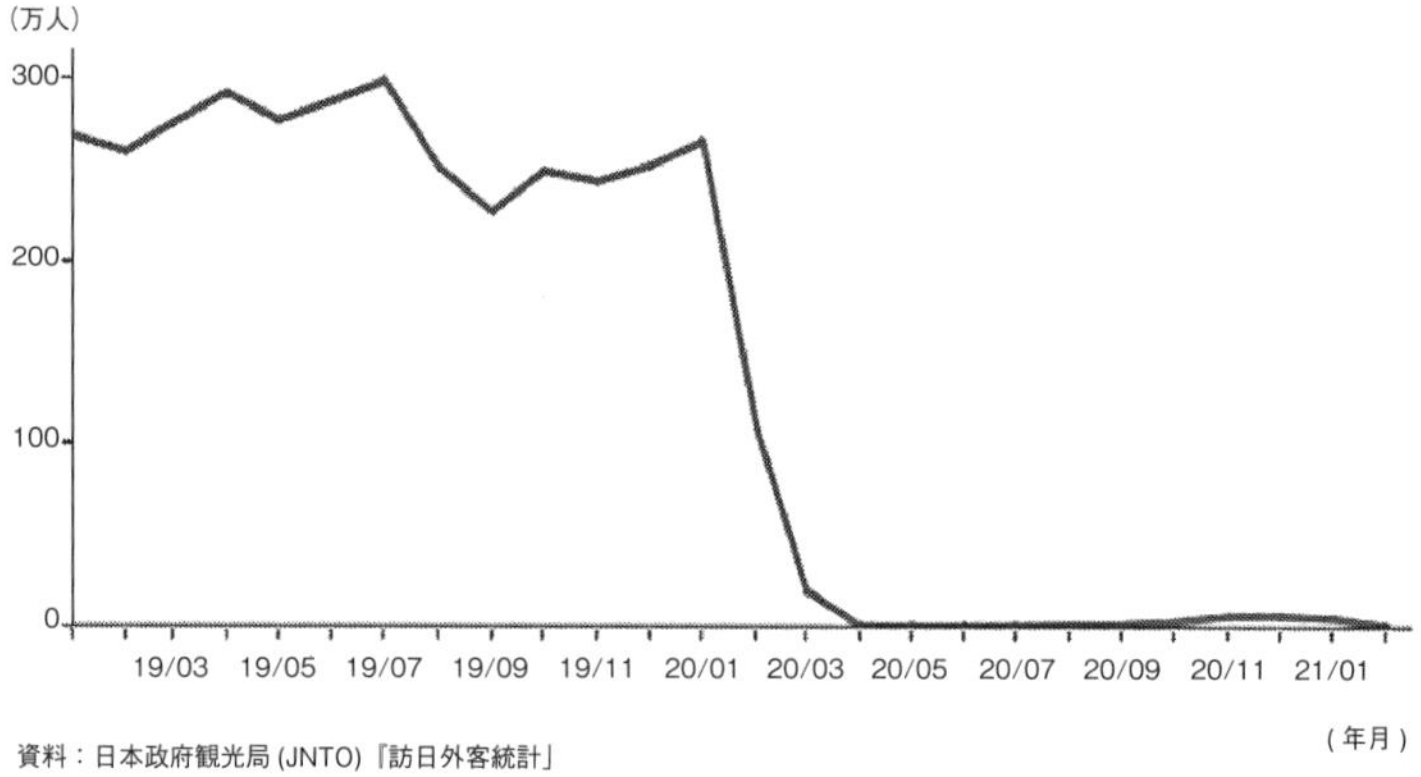

資料：日本政府観光局 (JNTO)『訪日外客統計』
(注)2021 年 1 月、2 月の値は推定値

に来れなくなったので、

現在、売上高０円という会社も珍しくないでしょう（図３参照）。

私は、保険代理店を経営しているため、日ごろから、多くの会社様とお付き合いがありますが、例えば、訪日外国人をターゲットにした富裕層向けの会社は、売上高が急減しています。社員は解雇して、失業手当で生活をしてもらっている会社も実際にあります。それだけコロナは経済に大きなダメージを与える大事件なのです。

皆さんの会社はどうでしょうか？

コロナで逆に売上高が伸びた会社もいるかと思いますが、全体的には下がった会社の方が多いでしょう。

●コロナ渦でも売上高が上がった事例のご紹介

まず、はじめに、コロナで多くの企業が厳しい中でも、売上高が上がった事例を1つご紹介します。

それは、消毒液を販売してる会社です。今やどこに行っても、施設に入る前に手の消毒をします。

それだけニーズがあるのです。知り合いの中国人の方が手掛けているビジネスなのですが、彼らは非常に動きが早いです。

普段は正直、あまり忙しそうな感じではないのですが、ビジネスチャンスを見つけるとものすごいスピードで動きます。検査キットの販売も手掛けているのですが、こちらの販売も順調のようです。

ここで大事なのは、コロナ禍でも売上高を伸ばしている企業が確実にあるということです。

なぜ、彼らがコロナ禍にも関わらず、売上高を伸ばしているのかと言いますと、それは、市場に必要なものを大企業より早く、生産、販売したからです。スピードはとても大事なことなのです。

マスク特需もありましたが、今やマスクは使い捨ての需要はなく、洗って再利用できるユニクロのマスクやスポーツメーカーのマスクが人気です。

大手企業が参入してくると、その市場での優位性は保つことが難しくなります。ですから、中小企業の私たちがやるべきことは、大企業がやる前に、企画、生産、販売までできる限り早いスピードでやる事です。スピードが命なのです。


大企業は意思決定に時間がかかります。ひとり社長は今、この瞬間で経営判断が出来ますので、強みがあります。

皆さんも、ビジネスチャンスを見つけたら、市場調査をして、チャンスがあると感じたら、チャレンジしてみると大きな成功を掴むことが出来るかもしれません。

時代の変化は、ビジネスチャンスが生まれるものです。

●コロナ禍を生き抜くための経営術

ひとり社長はコロナという経済危機にも対応できるのが強みです。

理由は、ひとり社長は、とにかく毎月の固定費が少ないからです。

例えば、一か月の売上高が0円になっても内部留保で対応できることが多いでしょう。

売上高0円で社員の給料を払っていたら、すぐに倒産してしまいます。だから、ひとり社長というのは、不況に強い生き方だと思います。また、コロナで感じることは内部留保の重要性です。

日本の一部上場企業は内部留保が多すぎると思ってましたが、結果的にはコロナで内部留保をしていたことは、正解だと感じました。

要するに、会社に内部留保が無いと、何か突発的な売上高の急減や支払いがあったときに、借入金に頼らなければならなくなります。

借入金に頼るのではなく、会社のお金を大事に貯蓄し、会社経営をしてくことで、不況に耐え、長く会社を永続していくことが出来るのです。

会社のお金になると、経費という概念があるため、個人よりも財布の紐が緩くなりがちですが、そこは勿体ないを口癖にお金を大事にしましょう。

私は、中小企業は例えるなら、自然災害が多い環境の中で、立っている築年数の古い戸建てのようなイメージを持っています。

台風が来たら、屋根は壊れ、雨漏りがする。そんな弱々しい建物のようなものが中小企業でしょう。

いわゆる予期せぬ事態にも耐えて生き抜くには、建物に対して、火災保険に加入したり、修繕費のために貯金したりなど、あらゆるリスクに対策できるようにすることを一番に考えるべきだと思います。

会社経営は様々なリスクの中で、生き抜いていかなければならないのです。利益を出さないように、経費を沢山使っていては、すぐさま倒産してしまいます。自分の会社はまだまだ小さいと常に謙虚さを持ちながら、会社の内部留保の蓄積をしていくことが長く続いてく会社として大事なことだと思います。

Sec.5 会社の廃業や売却の意思決定も今すぐ出来る

ひとり社長は、社員がいないので、今の会社を廃業したり、売却をしたりといった意思決定が自由に出来ることも強みといえるのではないでしょうか。

信用金庫で働いていた際に、中小企業の中には、失礼を承知で申し上げますと、赤字の状態で会社経営を続けている会社を何度も目にしてきました。

赤字経営を続けていること自体は問題ないのですが、そうした会社にいくと、社長の人柄に共通点がありました。これをまとめました。（図4参照）。

図４　儲かっていない中小企業の社長の性格

儲かっていない中小企業の社長の性格	・とにかくプライドが高い。 ・人に対して、強く怒ったり無駄な時間が多い。 ・社内で問題が発生した場合に、問題を起こした社員のせいにする。自責では考えない。 ・机が汚い。書類の整理が出来ない。 ・愚痴が多い。 ・社員に暴言を吐く。

私の経験値での話なので、何か根拠のある話ではないのですが、会社経営をしている人は、こういう人間にはならない方が良いということで反面教師にしてもらったらいいと思います。

そして、一つでも当てはまっている人がいたら、注意した方が良いでしょう。

私が信用金庫に勤めていた時に、こうした赤字の会社の社長が細かく、うるさかったり、面談時間が長い社長も多くおりました。ただ、借入金は結構あったりするので、訪問も続けなければいけないし、思い返すと、辛いものがありました。

会社は廃業する以外にも、利益が出ていれば、会社を売却することも可能です。

社員がいると、社員の生活もありますし、売却先で引き続き雇用してもらえるような交渉が必要ですが、ひとり社長は社員がいないので、それも不要です。

インターネットでは、今や少額のM＆Aが流行しておりますが、時流に乗って、会社を売却して、お金を得ることも出来るでしょう。

会社の売却の一番のメリットは、個人の株主に係る株式の譲渡所得に対する税金が20・315％と格安なことです。あの有名な前澤社長はZホールディングスに自ら保有している株式を売却しておりますが、約2，400億円で売却したそうです。通常、この金額を役員報酬で受け取ると、給与所得となるため、半分以上は税金として引かれてしまいますので、約1，200億円以上も所得税等を払わないといけません。ところが、株式の譲渡所得になりますと、税金が20・315％になりますので、約48億円以下の税金で済むため、多くのお金を手にすることが出来るのです。実際には、「売却額－必要経費（取得費＋委託手数料等）＝譲渡益」となりますので、もっと税金は少なくなっていると思います。

この自社株の売却という方法が個人として、お金を増やすための最善の方法だと思います。

一代で資産家を目指すのであれば、この方法が一番可能性が高いです。

ですから、資産家になりたい人は起業をして、会社を大きくしていくしか方法はないのです。

ただ、資産家にまでならなくとも、資産1億円程度であれば、会社を売却せずに、ひとり社長で地道に働いていれば、充分に貯蓄することが可能です。個人、会社としての目標を定め、それに向けて、頑張って働いていきましょう。

会社の株というのは、とても大事なものであるという説明をしてきましたが、なかなかイメージが出来ないものです。会社の株というものを、イメージできるような話を少しさせて下さい。

「会社は誰のものですか?」なんて議論がありましたが、「皆さんは誰のものだと思いますか?」「即答できますでしょうか?」正解は、会社は株主のものなのです。従業員でもなければ、社長でもないのです。

会社は株主のものですから、株主の意思決定で社長を交代させることも可能なのです。

例えば、誰かと共同経営をするとなったときに、誰が株を所有するのかというのは、とても大事なポイントです。

共同経営の場合は、それぞれ株を所有するのかもしれませんが、基本的には1人で会社を立ち上げ、会社の株の全てを自分で保有した方が良いでしょう。

会社の純資産（資産−負債）が自らの資産になっていくと考えると分かりやすいでしょうか。

会社の成長と共に、自社株の評価額（＝純資産）が増えていき、個人の手元にはお金は無いですが、会社の中で現金預金を増やすことに繋がっております。

何度も言いますが、会社の株というのは、とても大事なものなので、自分が社長として経営を続けている状況では、誰かに譲渡したり、ベンチャーファンドなどに格安で売ったりしないようにしましょう。


会社経営を頑張り、会社がどんなに大きくなっても、会社の資産は株主のものですから、社長のものではありません。注意しましょう！

会社の売却の話になりますが、ひとり社長の規模の会社では、なかなか大きな売却金額にはならないでしょうから、会社を売却して、多くのお金を稼ぎたいと思う人は、ひとり社長はあまりおススメしません。

とにかく、会社の規模を大きくして、売上高を上げていくことが売却額を引き上げる近道になると思います。

早期に個人の金融資産を増やしたい人は、会社の売却は考えた方が良いと思います。

Sec.6 会社経営で必要な思考（考え方）

●自責で考えるという思考を身に付けることが出来る。

精神論は好きではないのですが、私が会社経営を始めて特に学んだ大事なポイントがあります。

それは、何が起きても全て「自責で考える」という事でした。

なぜ､自責で考えることが大事なのかと言いますと､「**自分の成長につながる**」からです。

しかし、実際は会社を経営していると様々なトラブルがありますが、何かトラブルがあるとお客様のせい、社員のせい、会社のせいなど、自分以外の人や会社のせいにしてしまっていた人は多いのではないでしょうか？

私も実際に、会社員時代は会社のせい、お客様のせいなど、自分以外の誰かのせいにしてしまうことが多々ありました。

そういう思考になると、他人のせいにすれば、自分自身の精神的には楽なのですが、自らが強く反省をしないため自分の成長が遅くなってしまいます。

ひとり社長は、そもそも自分以外誰もいないわけですから、売上高が下がれば、100％自分の責任となります。

逆に、売上高が上がったケースでは、決して自分の努力だけではありません。多くのお客様のご協力や支援によって、売上高につながるケースも多いので、お客様のおかげで売上高が上がっていることを意識しないといけません。

ひとり社長は自責で考えるということを学べる素晴らしい環境だと思います。

結果的に、自分自身の成長にも繋がります。

●間違ったことやミスは素直に認めて言い訳を絶対にせず、電話や訪問して直接お客さまに謝罪しよう。

金融業界全般に言えることだと思うのですが、訂正印など、お客様に印鑑をもらわなければならないケースというのが結構あります。

金融業務は、事務手続きが複雑なことが多く、細かい手続きが多いため、ミスがどうしても発生します。

私の損害保険の代理店業務で実際にあった事例を紹介します。

通常、保険契約は申込書に捺印を頂き、保険料の振込をして頂いた後に、申込書を保険会社に提出します。

保険会社に申込書を提出した後、概ね２週間後ぐらいだったと思うのですが、保険会社から連絡がありまして、不備が見つかり、保険料の相違が発覚したケースがございました。

一度、お預かりした保険料に間違いがあるなんてことは、まず考えられないことです。

それはそれは、大変なことです。

更に、保険料がお安くなれば良いのですが、更に保険料が高くなるという事態でした。

それは大変です。

お客様の立場からしたら、契約後２週間も経過している訳ですから、今更なんだ！という事になります。

また、申込書に捺印もしている訳ですから、あり得ないこととなる訳です。

とても、お叱りを受けました。

手続きとしては、一旦、契約の取り消しを行い、再度、正しく記載した申込書への捺印及び保険料の振込をして頂く必要があります。

通常であれば、契約の取り消しを行い、再契約はして頂けず、お客さまも私から離れてしまうケースですが、優しいお客さまで、結果的にはお許しいただき、アップした保険料でお振込みをして頂きました。

思い出しただけで、今でも書いていて、汗が出る事例なのですが、お金に関する仕事であるため、ミスは許されない仕事なのです。

それは承知の上で、仕事をしてきましたが、人間のやる事なので、ミスをしてしまう事はどうしてもあるのです。


その際には、本当に精神的に辛いのですが、どんなに怒られたり、お客様が離れていく可能性があったとしても、正直に自分のミスを認め、謝罪をするしかないのです。絶対に言い訳をしてはいけません。

ミスを隠そうとすると、今はコンプライアンスの厳しい時代ですから、大きな問題になり、会社をクビになったり、保険代理店であれば、募集人資格をはく奪されてしまうこともあります。

二度と保険の販売に携わることが出来ず、会社も倒産してしまいます。

なので、**ミスをしたら良い訳をせず、お客様に心から謝罪をすることです。**

当たり前なことですが、とても大事なことです。

そして、その謝罪の仕方にも大事なポイントがあります。皆さん、ミスをしたときに、どうやって謝罪してますか？ メールで済ませていませんか？

ミスをした時には必ず、一番に電話をしましょう。

なぜ、謝罪はメールではいけないのかと言いますと、メールでは迷惑を受けた相手が怒ることが出来ないからです。しかし、人間は怖がりなもので、ミスをしたときこそ、メールで済ましたいと考えてしまうものです。

それは絶対にやめましょう。相手に鬱憤が溜まり、更に怒られる事態に発展しかねません。

今の時代、電話を嫌がる人も多いのですが、ミスをしたときこそは、電話をして会って、謝罪をさせて下さいと伝えましょう。それがミスをした人間の誠意です。

実際に、会いに行ったからと言って、ミスをした結果が変わる訳ではありませんが、お会いして、心から謝罪をして、相手から怒られましょう。それがミスをした人間の責任というものです。

会社員であれば、上司などが同席したりしてくれるケースがあるのかもしれませんが、独立をしたら、問題を起こしたら、自分一人の責任です。自分一人で謝罪するしかないのです。精神的に強くなることが出来ます。

そして、次はそのミスを絶対にしないようにと心に決めるのです。素直に謝罪をすると、お客さまは分かってくれる方が多いです。自分が思っている以上に、気にされないお客さまも多いものです。

ただ、金融業はミスをしないことが当たり前の仕事です。

なので、集中するべきところは、集中をして、絶対にミスをしてはいけないと覚悟して、慎重に業務遂行をしなければなりません。皆さんも一緒に、お仕事頑張りましょう！

第2章——【学び&学び直し】
ひとり社長なんだから利益をキッチリ出せる会社にしよう!

Sec.1 会社は、売上高よりも利益を出すことが大事

会社経営において、会社の成績は年商が一番大事だと考えている方が多くいます。

確かに、TVなどでは例えば年商50億円の社長と紹介されているケースも多く、年商○○億円の社長という肩書に憧れを持つことは自然なことだと思います。年商を大きくすることは企業の規模を大きくするためにはとても大事なことなので、意識するのは当然だと思います。

ただ、ここで大事なポイントがあります。

■学び&学び直しの〝気づき〟

会社はいくら売上高が大きくても、利益が出ていなければ、存続していくことは出来ないということです。

なぜかと言いますと、通常では会社は利益が出ないと、運転資金が不足し、資金繰りが厳しくなるからです。

会社を経営していく上で、一番大事なことは「利益を出すこと」です。

しかし、最近の上場会社で特にＩＴ系の成長企業によくあるのですが、最初は、赤字を出してでも市場でのシェアの拡大を目指し、とにかく広告宣伝費などの販管費をかけまくり、売上高を上げていくというようなことは確かに実際にあるかと思います。ところが、我々のような中小企業がそれをやるべきではありません。

成長企業は、投資家から多くのお金を集めることが出来るため、潤沢な運転資金があり、資金繰りに困ることはないため、赤字を気にする必要がありません。更なる成長をするために、どんどん投資をしているのです。

中小企業のビジネスはそういう訳にはいきません。中小企業でも、多くの支援をしてくれる投資家がいる場合には、赤字企業でも良いかもしれませんが、多くのケースでは、投資を集められるほどの企業は少ないでしょう。

そうした中で、投資家や銀行にも頼らずに、会社経営をしていくためには、「利益を出すこと」が絶対条件なのです。なので、会社の通信簿は、利益がいくらあるのかという指標で考えるべきなのです。

つまり、今年はいくら法人税を納めたのか。この金額が会社としての評価になると考えた方が良いでしょう。

利益の話を説明する上で、法人税は欠かすことが出来ません。


法人税について、解説いたします。

法人税を節税することが大事のような意見が多くありますが、それは**はっきりと間違いだと言えます**。

節税をするという事は、お金を使う事以外にありません。勿論、倒産防止共済など利用した方が良い制度は使うべきですが、法人税を減らすためにお金を使うというのは意味のないことです。

私は、法人税をしっかりと払った上で、残りのお金を内部留保していくべきだと思います。


その内部留保は、会社の経営が厳しい時には、大きな助けとなってくれます。

利益が出ている会社は、長期的に会社を存続させることが可能になり、お客さまと末永いお付き合いが可能になります。そして、常にお客様に感謝の気持ちを持って、お客様に恩返しをしていくことを大事にしていくと、紹介を頂けることにつながり、ビジネスに良い循環が生まれてきます。

やはり既存のお客さまから紹介を頂くというのは、とても大事なことです。

特に保険業界では、必須のスキルになっています。

一方、通販会社やアプリ制作会社では、広告宣伝費をかけた金額以上の契約などの利益があれば、その広告を増やしていくことでどんどん販売が増え、会社の売上高を伸ばしていくというビジネスが可能になります。

そういう業種は広告宣伝費が必要です。

しかし、ネット通販は新規参入が困難であり、容易ではないでしょう。また、アプリゲームの開発はもともとそうしたスキルが無いと難しいでしょう。

私は新卒から金融業界で勤務してきて、自ら独立したいと考えた時に、広告を出すことのスキルがある訳もなく、アプリゲームの開発も当然出来ず、出来ることは「営業」だと思っていたので、金融業界でもマーケットが一番大きい保険業界を選んで独立しました。

保険業界では新規の顧客の獲得方法として、広告宣伝費をかけてもあまり効果が無く、お客さまからのご紹介を頂くことが一番大事です。そのため、私たちは、常に**既存のお客**

さまのためになることだけを考えて、行動することを一番に考えております。

既存のお客様に満足して頂くために、費用がかかるのであれば、その費用は惜しむ必要はないと思って行動しております。感謝をしてくれたお客さまは、今後別のお仕事の話があったときに、きっとご連絡を頂けることになるでしょう。様々なビジネスによって、違いはありますが、既存のお客様の満足を作ることが一番の広告宣伝になることは間違いないでしょう。

今かけている広告宣伝費を見直し、そのお金を既存のお客様の満足のために使っていくと、また違った効果が得られる可能性もありますので、試してみる価値はあると思います。

Sec.2 会社の内部留保を蓄積し、安定を確保する

まずは、会社経営者のメンタルについて、説明します。

経営者は、会社員時代よりも仕事上のリスク（＝振れ幅のこと）が大きいため、精神的に不安定になることがあります。

特に、順調に経営がうまくいっている時は良いのですが、売上高が下がってきた時には、

このまま会社は大丈夫なのだろうかと不安になって、夜に売上高のことばかりを考えてしまったりはよくある話です。

それだけ、会社経営というものは、精神的に負荷を感じることは多いと思います。

会社経営がなぜ精神的に負荷がかかるのかというと、それは会社は、売上高が無くても毎月必ず、固定費がかかるため、このまま売上高が無い状態が続くと、いずれ会社の資金は尽きてしまい、倒産してしまうからです。

どうしても、常に危機感を感じながら仕事をすることになります。それだけ厳しい世界なのです。

経営者のメンタルを健全に保つためには、私は数年間分の会社の売上高が０円になっても会社の毎月の固定費の支払いが出来るほどの現預金があることが大事だと思います。

その会社の現預金を増やすためには、まず第一にやるべきことが、固定費の削減です。

固定費の削減の中でも、ひとり社長が一番に出来ることは、人を雇わず、事務所も持たないという選択です。結果、固定費を確実に抑えることが出来るため、例えば、１か月売上高が０円になっても、資金繰りに困ることはなくなるため、経営者の精神的にも安定します。

勿論、固定費を削減することで、会社の現預金を増やすことにも繋がり、好循環になります。ひとり社長で人を雇わず、事務所も持たないという方法は、多くの方が検討するべきです。

Sec.3 会社員の給料の有難さに、改めて感謝しよう！

会社員は、仮に、自ら売上高を上げなくても、給料を毎月定額で必ず貰えます。売上高に貢献していない社員であろうが、仕事を適当にやっていようが、毎月定額で必ず給料をもらえます。

それは、社員を雇用している会社の義務だからです。

どんなにその会社の資金繰りが厳しくても、会社は従業員を雇用している以上、必ず、給料は支払わないといけないのです。例えばですが、社長が「ちょっと資金繰りが苦しくて、今月の給料は来月に2か月分払うので待ってもらってもいいですか？」ということを社員に相談したら、その社員はその会社を不信に感じ、退職してしまうでしょう。

ですから、社員の給料の支払いは、いくら会社にお金が無かったとしても、銀行から金を借りてでも払わないといけません。それだけ社員の給料というものは、守られているものなのです。

会社を独立して経営者の立場になると、この「毎月の給料」がどれだけ有難いものなのかということはよくわかります。理由は、経営者目線で考えると、毎月固定の給料を支払うことがとても大変だからです。

毎月定額の給料が保証されているという事は、会社員は精神的にも安心しますし、まず第一に生活が安定します。

生活が安定することで、安心して家族を養うことも出来ますし、とても有難いことです。

今、会社員をしている人は、毎月の給料を支払ってくれている会社に改めて感謝をしてほしいと思います。

実務上は、社員の給料以上に会社は人件費を負担しております。理由は、社会保険料の負担があるからです。

労使折半という仕組みで、健康保険料と厚生年金保険料は社員が払う額と同額を会社は社員の給料とは別に払ってくれているのです。実際にいくら会社が負担してくれているのか、簡単に計算出来るのでやってみて下さい。

計算式：控除前の総支給額＋健康保険料（自己負担額と同額）＋厚生年金保険料（自己負担額と同額）＝会社負担の人件費

※計算を簡単にするため、雇用保険及び労災保険は省略しております。

特に厚生年金保険料の負担が大きいでしょう。月50万円の給料のケースを見てみましょう。

例 給料：月額50万円のケース

健康保険料：２４，６００円　厚生年金保険料：４５，７５０円

会社負担の人件費は、５７０，３５０円です。

※協会けんぽ　令和3年3月分からの東京の健康保険料（介護保険なし）及び厚生年金保険料から算出

標準報酬月額50万円で試算。

50万の給料に対して、57万円も会社は負担しているのです。

会社の給料の支払いは本当に大変だということを、理解して頂けたかと思います。

給料が安いと不満を言っている人は、実際に会社は給料以上にお金を払ってくれているんだということに改めて感謝をして、覚えておきましょう。

因みに、健康保険料について、大企業は独自の健康保険組合を持っているケースがあり、協会けんぽよりも低い保険料のケースが多くあります。高額療養費の限度額も月４万円になっていたりなど、大企業の健康保険はとても恵まれています。

余談ですが、独立を考えないで会社員を一生続ける方は金銭面で見ると大企業にした方が良いでしょう。

特に女性は育児休暇は法律上取得出来ることが決まっているため、中小企業でも大企業でも特に変わりはないのですが、育児休暇後の時短勤務という制度は大企業独自のものです。これは非常に恵まれた制度で社会保険や手当などはそのまま貰いながら、時短で正社員として勤務することが出来るのです。

こんな制度は中小企業にはなかなか出来ないでしょう。

会社員のストレスについて、説明します。

会社員は経営者とは全く異なるストレスを抱えております。社内の出世競争や人間関係などで、ストレスを日々感じる人は多いでしょう。また、会社員は会社の指示命令の下で働いていく必要があるので、とにかく「**自由**」がありません。いつ、どこで、誰と働くかということは会社の決められたルールの中になります。

この「自由」が無いということが、会社員の一番のストレスになると思います。

一度、独立をして、ひとり社長でも良いので、会社経営をしてみると、「自由」を感じることが出来ます。

しかし、独立してやっていくということは、孤独との戦いですし、売上高を上げていかないと、そもそも食べていけないというプレッシャーもあるので、自由を感じる余裕がないのも事実です。

独立が向いている人もいますし、会社員が向いている人もいますので、自分自身がどちらの働き方が合っているかどうかは、見極める必要があります。

Sec.4 会社員を退職し、独立しようと考えている人へ

会社員を退職して、独立してひとり社長になりたいと思った時に、自分自身の性格についても、考える必要があります。

ひとり社長に向いている性格について、３つの大事な要素がありますので、これから説明いたします。

まず、一番大事なことは、「孤独」に耐えることが出来ることです。

ひとり社長はとにかく「孤独」です。「孤独」との闘いと言っても過言ではありません。大きな成果を上げても、決して褒めてくれる人はいません。

会社員であれば、結果を出せば、社内表彰されたり、出世したりなど、人から認められることで、モチベーションを高めていけるでしょう。

ところが、ひとり社長の場合には、大きな成果を上げても金銭的な報酬以外には、特に誰から褒められたりすることはありません。それでも毎日、一生懸命に自分を律して、働き続けることが出来ないといけませんので、強い意志と覚悟が求められます。

二番目は、金銭的な報酬がモチベーションになる人。つまり稼ぎたいという思いが強い人です。

ひとり社長のメリットは、自ら稼いだ売上高は全て自分が株主の会社に入金されます。その会社は自分のものですから、実質自分のお金になります。やはり、稼ぎたいという思いで、働いている人は、この会社に入金される売上高のために、毎日頑張って働いていくことが出来るでしょう。頑張れば頑張った分だけ報酬に繋がる仕事です。それは、大きなやりがいに繋がると思います。

三番目は、自分を管理することが出来る人です。

ひとり社長では、毎日、自分の意思で朝起きて、仕事をしなければなりません。
いつでも休むことも自由ですし、逆に働くことも自由です。大きな自由の中で、自分を律して、働き続けることが出来ないと、会社は倒産します。自分を律して、地道に毎日行動することが出来る人は、ひとり社長として、会社を継続していくことが出来るでしょう！
この3つの要素は、ひとり社長として会社を経営していく上で、必須のスキルになりますので、これからひとり社長を目指す人は、自分にこの3つのスキルがあるかどうか確認しましょう。

次に、これから独立を考えている人に向けて、会社員と独立をした場合の比較で仕事との向き合い方が、ここまで大きく変わるんだということを事例を用いて、解説します。

「**休日に大事な仕事が入った場合**」の気持ちの感じ方の違いについてです。
●会社員時代　➡休日は休みたいと考えている人が多いため、**嬉しいと感じる人は少ない**です。
●会社から独立➡休日でもお仕事を頂けることが有難く、**むしろ喜んで仕事をしたい**と思います。

これだけ、違いがあります。

なぜ違うのかというと、独立をすると、先ほども申し上げましたが、**自分で働いて得た収入は全てそのまま自分が株主の会社の売上高になる**からです。

なので、休日だろうが関係なく、仕事を頂けることは、とても有難いことだと考えるのです。

会社員は、売上高の上がる仕事をしてもすぐに自らの収入には反映しません。賞与が少し増えたり、出世が同期よりも少し早くなり、基本給が上がったりなど、頑張った仕事に対する対価の発生には時間がかかります。なので、仕事への高いモチベーションを維持することが難しい点が問題です。

一般的には、収入のことだけを考えると、安定した収入が欲しい人は、会社員を続けるべきですが、自分が頑張った分だけ稼ぎたい人は、独立した方が良いと言われます。

但し、独立してもある程度収入が安定する業種もありますので、一概に言えない点もあります。

なので、独立というと、すぐにハイリスクハイリターンをイメージされる方が多いのですが、決してそれだけではありません。安定志向の方は、収入が比較的安定する業種を決めて、独立をする方法もあるのです。

例えば、税理士は顧問報酬というものがあり、毎月定額で顧問料を受け取ることが出来ますので、当然、収入は安定するでしょう。

例えば、自宅で税理士として開業した場合、ざっくりと一般的な試算をしてみましたのでご参照ください。

月2万の顧問料だとして10社あれば、20万ですから、それだけでも一人で生活費するお金としては問題ないでしょう。更に決算時には約20万円程もらえると仮定すると、240万円＋200万円＝440万円となります。

10社の顧問先を見つけるのは簡単ではないかもしれませんが、これだけで、会社員の平均年収ぐらいになってしまいます。実際には10社ではなく、顧問先を増やしていけば、もっと売上を伸ばすことも出来るでしょう。

税理士の仕事は儲かるということがよくわかると思います。

独立を考えている方は、独立して何の仕事をするのかということを若い頃から考え、それが学べる場という視点で勤務先を選択することが出来ると、スムーズに独立への道が開けるでしょう。

私のおススメとしては、やはり日本は国家資格の仕事は独占業務として、守られていると感じますので、

士業（税理士、弁護士、司法書士）の仕事は一番安定していて、高収入だと思います。

会社の上場を目指すのであれば、士業は逆に難しいので、ＩＴ関連の会社を起業した方が良いですが、ある程度の高収入（年収１，０００万～２，０００万円）を目標にするのであれば、士業を目指すことが近道です。

勿論、士業の資格を取得するには、沢山勉強をしなければならないので、とても大変なのですが、例えば大学生の４年間を専門学校で国家資格の勉強に充て、将来の独立の武器になる資格を持つことが出来たら、未来は明るいでしょう。私の知り合いに、大学に行かずに大原に行き、司法書士の資格を取り、独立して沢山稼いでいる人がいます。有名大学に行くことだけがゴールではないということがよくわかります。

就職時には、独立するときの勉強のために、税理士事務所、司法書士事務所、弁護士事務所などで働けば良いのです。

勿論、そういった事務所は雇われている間の給料は低いです。
ただ、20代は修行だと考えて、知識を身に付けることで30代で独立した時に大きく稼ぐことが出来るでしょう。

ここで、これから独立を考えている方に参考になればと思い、私の場合の会社員から独立した理由を3つお伝えいたします。

■学び&学び直しの〝気づき〟

①会社の方針ではなく、お客様に合わせて、自分が思っていることや考えていることをストレートに伝えられるようになりたいから。
②お客さまと末永くお付き合いをしていきたいから。
③自分で働いた分収入を得たいから。

この3つの理由の中でも、特に強い理由だったのが、①の理由です。
②、③の理由であれば、私の金融業界の場合、外資系生命保険会社に転職していたと思います。

外資系生命保険会社では、転勤が無いため、お客さまとの末永いお付き合いが可能になりますし、給料も働いた分だけ稼ぐことが出来ます。

しかし、①については、その外資系生命保険会社の方針がありますので、そこに沿って働いていかないといけません。私は保険の販売にあたり、金融機関の方針によるものではなく、それぞれのお客様に合った販売方法を大事にしていたので、外資系生命保険会社に就職することはしませんでした。

ただ、金融業界の仕事は好きだったので、金融機関から独立した保険代理店として、自ら独立したいと考えるようになりました。

①の理由を持つようになったのは、信用金庫で会社員として、働いている時に、多くの中小企業の社長と話をしていくなかで、とても魅力的な社長が多いなと思ったのがきっかけになりました。

その魅力は何かと突き詰めて考えていくと、自分の信念をもって、何物にも縛られず、自由に働いていている社長が素直にかっこ良いなと感じました。

私も、中小企業の社長になりたいと心から思ったことを会社員時代に忘れることはありませんでした。

会社に勤めておりますと、会社の方針や上司の指示が一番の優先事項になります。

そのため、自分が思っていないことでも、こう伝えないといけないとか、自分がやりたくないことでも、これをやらないといけないとか、多くのしがらみがあるため、お客様本位の営業をすることが難しいと感じました。

そして、私は、**自分の思いや考え方**をしっかりと持っていたので、それをお客様に合わせて、ストレートに伝えていきたいという信念がありました。

結果として、私は独立を選択したことで、金融機関の販売方針によらず、金融機関から独立した立場で、お客さまのことを一番に考えて営業していきたいという思いも叶えることが出来ました。

そして、こうして夢だった本を執筆することが出来たのも独立したからだと思います。

これから独立を考えている人は、なんで独立をしたいのか、ということを自分に問いかけていくと答えが見つかると思います。決して、今の仕事が辛いからという理由で独立をしないでください。

独立した方が仕事は辛いですから、うまく行きません。自分のやりたいことを追い求めた結果、独立したということが正解だと思います。自分の気持ちと向き合う時間を増やし、是非とも独立を目指して頂ければと思います。

Sec.5 業績が良く人手が足りなくなって初めて人の採用を考える

これはタイトルの通りなのですが、やはり会社経営において、人の採用を考えるタイミングが大事だと思います。例えば、会社員をやめて、会社員時代の仲間を誘って独立した場合には、その時点で社員を採用することになるため、社員の採用のタイミングを選択することは出来ないのですが、基本は会社の経営が順調になってから、人を誘うべきだと思います。

会社を退職した後の何年後であっても、前職の会社員との関係を続けていれば、いつでも誘う事は出来るからです。やはり、立ち上げから誘うことは、会社がうまくいかず、倒産して、誘った相手を路頭に迷わす危険もありますので、注意が必要です。独立した事業に余程自信がある人は会社の設立時から社員を誘って、起業しても良いのかもしれませんが、リスクが高いということを肝に銘じてください。

人を誘うからには、その人の人生に係る大きなことなので、それ相当の責任があります。社員が売上高を上げることが出来なくても、毎月の給料は必ず支払わなければなりません。

一般的には、独立したはじめは売上高が安定しないことも多いため、まずは1人でやるのがいいでしょう。

順調に売上高が伸びてきて、お客様の対応をするのに、1人での対応が時間的にも難しいとなった時に初めて社員やパートを採用するべきです。事務的なことだけであれば、パートを採用すれば済みますし、事務以外のことも必要でしたら、社員を採用する必要があります。

注意が必要なのは、社員やパートを採用した結果、その人たちの人件費以上の粗利を出すことが出来なければ、採用をしない方が良いということです。

社員を1人採用するということは、どれだけの費用がかかるのかということを計算しましょう。

事務所を借りて、税理士を雇って、社員の給料も払う。仮に、この3つの費用が掛かるとすると、費用負担が大きくなります。社員を1人採用して、それだけ売上高が上がるということは、難しいことかもしれませんが、それだけ費用がかかるということを覚悟する必要があります。

私の考えでは、**１人の社員採用で終わってしまうのであれば、ひとり社長のまま続けた方が会社の利益率で考えると良いようなケースもある**と思います。社員を採用したいと思う会社は、これから、会社を大きくしていきたいと考える会社である必要があります。１人の社員採用では終わらず、何人も採用をしていくことをしないと、会社の利益を増やしていくことは難しいでしょう。

Sec.6
ひとり社長は会社の成長だけが全てではない

これはとても大事なポイントなのですが、ひとり社長は自分自身のプライベートな時間、例えば、家族や趣味の時間を大事に働き続けることが出来ます。

理由は、社員の給料分の労働をする必要が無いため、自分や家族の生活に必要なお金のみを稼ぐことが出来れば、問題ないからです。仕事を調整して、働きすぎないようにすることも可能ですし、お客さまを選ぶことも出来ます。全て自ら選択して、自由に働くことが出来るのです。

社員を採用すると通常は、社長がやっていた仕事を一部社員に任せることが出来るので、社長の労働時間が減少するイメージがありますが、実際にはそんなにうまくいきません。

社員が何百人もいれば、社員の管理を社員に任せることが出来るので、社長の労働時間の削減になります。

しかし、社員が数人であれば、社長自身が社員の管理（マネジメント）をしなければならないため、逆に労働時間は増えてしまいます。

具体的には、社員を採用したことで、事務所を借りれば、通勤時間もかかりますし、社員に仕事を振ったり、指導をしたりなど、マネジメント業務が発生し、結構大変な仕事になります。

中小企業の規模で、社長が楽をしている会社というのは、業種によってはありますが、社員がある程度いないと、難しいと思います。やはり、中小企業は社長が一番働いている会社が成長しています。

社員には、社長が一生懸命に働いている姿勢を見せることで、私も頑張ろうって思ってもらうことが一番大事だと思います。

社員の立場になって考えてほしいのですが、例えば、社長が旅行にばかり行って、会社にいないと社員はどう思いますか？　その会社で働いていて、やる気が出ますか？　常に社員の立場になって考えてみるとよくわかります。

プライベートな時間を大事にしたい人は、社員の採用には慎重になった方が良いと思います。

【支出を抑えた法人の設立方法のご紹介】

ここからは、これから法人を設立しようとしている方に向けてのお話がメインになりますが、既に会社を設立している方でも少し参考になる話もございますので、読み進めて頂ければと思います。

①無料定款認証サービス「Legalscript」

まず、簡単に、会社設立の流れを解説します。ＳＴＥＰ１です。

〈ＳＴＥＰ①〉

1.発起人決定（株主の決定）：会社を作る人は誰か？　ひとり社長であれば、社長１名。

2.事業計画の立案：どんな事業にするのか？

3.基本事項の決定（会社の名前、本店所在地、決算月）。
4.資本金額の決定：いくらが良いのか（最初は１００万円が多い）。

この４つのステップは全て自分で決断することなので、特に人の手を借りずに出来ます。会社員から退職して独立する方は、会社員時代に自分はどんな社名でどんな事業をするかということを考えていたと思いますので、明確に頭の中にあるでしょう。一般的には上記１～３まで決めて、会社を退職する方が多いと思います。資本金については、後から金額を決めれば問題なしです。

そしてＳＴＥＰ２は、次の４つです。

〈ＳＴＥＰ②〉
1.定款の作成と認証
2.資本金払込
3.登記書類の作成
4.登記書類の申請

2と4は簡単に自分で出来ますが、1と3については、自分1人で行うのは困難です。この1と3を無料でサポートしてくれるサービスが **Legalscript**（リーガルスクリプト）です。

私は会社設立をする際に、このサービスを利用しました。フォームに入力していくだけで書類が自動的に作成されますので、難しい書類の作成もスムーズに出来ます。

こんな素晴らしいサービスが無料で利用出来るのは、素直にすごいなと思いました。近しいサービスで「ひとりでできるもん」というサービスもありますが、こちらも費用は安いですが、無料ではありませんので、個人的には、このLegalscriptが一番良いサービスだと思います。

これから会社設立される方は、司法書士に頼んで費用をかけたりせず、Legalscriptのような無料サービスを使ってみましょう。

②法人設立の登録免許税を半額にする方法

結論から申し上げますと、自分が設立する会社の予定している本店所在地にある市・区役所で行っている起業家塾を受講をすることで、登録免許税が半額になります。具体的には、登録免許税が15万円から7・5万円になります。

注意！

例えば、東京都千代田区を本店にして、開業しようと千代田区の起業家塾を受講した方が、千代田区で事務所が見つからず、本店が東京都中央区で独立した場合には、登録免許税の減免の制度は受けられません。再度、中央区でも起業家塾を受講しなければなりませんので、ご注意ください。

私は中央区の起業家塾を受講したのですが、各市区町村でも同様の支援があるかと思いますので、調べて頂ければと思います。中央区の起業家塾の場合6，000円※の費用がかかりますが、起業する際に、大事な知識も身に付けることが出来ますので、必ず受講した方が良いでしょう。

更に、一番のメリットは、法人の登記を行う際に必ずかかる登録免許税が通常15万円のところ、半額の7・5万円になるということです。

起業するための勉強も出来る上に、登録免許税が半額になるのです。

こんな素晴らしいサービスは無いと思います。

起業前は特に開業準備で色々と大変な時期だと思いますが、必ず時間を作って受講した方が良いでしょう。

起業家との人脈を作ることも出来ますので、おススメです。

但し、問題は年に1回しか受講のタイミングが無いことです。

起業のタイミングによっては、受講時期が終わっていた、なんて言うことがあり、受講出来なかった方もいるかと思いますが、登録免許税が7・5万円が安くなるということを考えたら、とても大きいので、独立を検討している段階で早めに受講しても良いと思います。

※中央区の起業家塾は、６，０００円の費用で参加出来ました。各市区町村によって異なるので、ご確認ください。

また、中央区では、出張経営相談というものがあり、中小企業診断士から、様々な経営相談を無料で行うことが出来ます。こちらも利用しましょう（創業前でも相談可能）。

③法人の銀行口座開設はどこにすべきか。

個人のネットバンキングでは、毎月定額の手数料がかかる銀行は有りませんが、法人のネットバンキングでは都市銀行だと毎月定額の費用がかかります。

図１　各行の手数料

銀行名	手数料の金額
三菱ＵＦＪ銀行	1,760円
みずほ銀行	3,300円
三井住友銀行	0円※

※大手都市銀行で無料なのは、三井住友銀行です。但し、ライトプランのみ無料です。みずほ銀行は月額利用料が高いです。詳細は、各銀行のＨＰにて確認してください

費用がかかる理由は、法人向けのインターネットバンキングでは中小企業だけではなく、大企業も利用することがあるため、セキュリティが異常に高い設定になっているため、銀行側でコストがかかっているからです。

分かりやすく、大手都市銀行3行のネットバンキング手数料を並べましたので、参考にして下さい（図1）。

費用面だけ考えると、三井住友銀行の一択ですが、実際には、費用面だけで考えるのではなく、よく使っている取引先の銀行に合わせたり、自宅や事務所など最も仕事をする場所に近いATMのある銀行で口座を作成したりなど、様々な要因を考えて、法人のメインバンクを決めることになります。

当社のケースでは、お客さまからお預かりした保険料を保険会社に振り込む必要があるため、保険会社のメインバンクに合わせてみずほ銀行にて口座を作成しております。

毎月定額の手数料が最も高いのですが、そこは、仕方がない

と割り切って使っています。

これから独立する人も、メインバンクは一度決めると変更するのに手間がかかるので、良く調べてから銀行を選ぶことが大事です。

実際には、費用面よりも使い勝手や取引先との兼ね合いでメインバンクを決めることも多いと思いますので、他で固定費を削減していきましょう。

④会社の印鑑にこだわるのはもうやめよう。

会社を設立すると、法人印を作成しなければいけません。そして、法人の印鑑は大事なものなので最初はコストをかけて作りたいと思い、銀行印、実印、取引印と３つ作成する人も多いと思います。

私も会社を設立する前は、印鑑はしっかりとした物を買おうと思っておりましたが、今や印鑑を使う機会は減少してきました。極力、捺印を省略する時代になっています。

私は、損害保険の代理店をしておりますが、火災保険などの契約手続きを案内する際に、コロナ前は法人契約の場合、必ず法人印の捺印が必須だったのに対して、コロナ後は電話募集で契約手続きが完了するということになりました。
※但し、保険契約の解約は対象外です。解約は現状、捺印が必須となっております。

インターネットでは1,000円以下という格安な料金で法人印を作成することが可能になっておりますので、ご確認ください。

一つの法人印を作成すれば銀行印、実印、取引印と全て代用することが可能となります。

【ひとり社長の会社運営上のリスクについて】

⑤ひとり社長は、借入金をするべきではない。

ひとり社長を選択し、ひとり社長を継続している人は、会社の規模の拡大を考えている人は少ないでしょう。

借入金とは本来、自社でお金が溜まることを待たずに、会社の成長スピードを上げる目的で利用するものです。もしくは、仕事の結果から売上入金に時間がかかる事業の場合にも必要です。

決して、会社の経営状況が厳しくなっている状況で資金繰りのために、借入をするものではないです。

お金を借入しないと事業継続が出来ないほど業績が悪化した場合には、その事業を廃業するということも検討するべきです。その事業を廃業し、会社員に戻るという選択肢もあります。

もしくは再度、別の事業で開業するということも可能です。

起業家の良いところは、何度も再チャレンジが出来ることです。

失敗しても諦めなければ、再チャレンジが可能なのです。


実際に、会社経営は一度、悪化した事業を立て直すのは、並大抵の努力では困難です。

但し、赤字でもお金を借入することで、何とか会社を継続することは出来ます。理由は、会社は資金繰りさえ回っていれば、赤字でも継続することが出来るのです。

私は信用金庫に勤務していた時代に、実際に様々な中小企業を訪問しておりましたが、利益の出ていない赤字の会社も多くございました。

赤字の原因が接待交際費の使い過ぎや役員報酬の払い過ぎであれば、役員報酬を下げたり、交際費を下げれば、すぐに利益が出ますので、経営上、大きな問題にはならないのですが、役員報酬も高額ではなく、交際費も多く使っていない会社で赤字になっていると、本業の利益率が低い可能性が高く、危険です。

会社は個人と違って、融資の審査が緩く、資金使途がある程度不明確であっても運転資金という名目で割と簡単にお金を借りることが出来ます。

コロナ禍では、コロナ特別融資という制度融資を利用すれば、簡単に資金調達が可能になっています。

確かに、コロナ禍で飲食店などは、お店の開業時間を制限されたり、お酒の提供が出来なかったりで、大変な状況になっていることが分かりますので、ある程度、借入をすることは仕方がないことだと思います。

■学び&学び直しの〝気づき〟

図3を見ますと、2020年から借入金は増えている状況です。ところが、図2を見ると、倒産件数に変化がありません。今後、2022年以降には借入金が返済出来なくて、倒産する会社が増加してくることも考えられますので、中小企業と取引をしている会社は多いと思いますので、注意が必要です。

但し、変化はチャンスですから、会社の倒産件数増大による新たなビジネスチャンスが生まれる可能性もあります。そうした時に、すぐに動けるように準備をしている会社もいるでしょう。

図3は、中小企業白書の2021年版中小企業白書の概要なのですが、2014年から中小企業向けの貸出残高は右肩上がりですが、特にコロナになってからの中小企業向けの

図2　倒産件数の推移

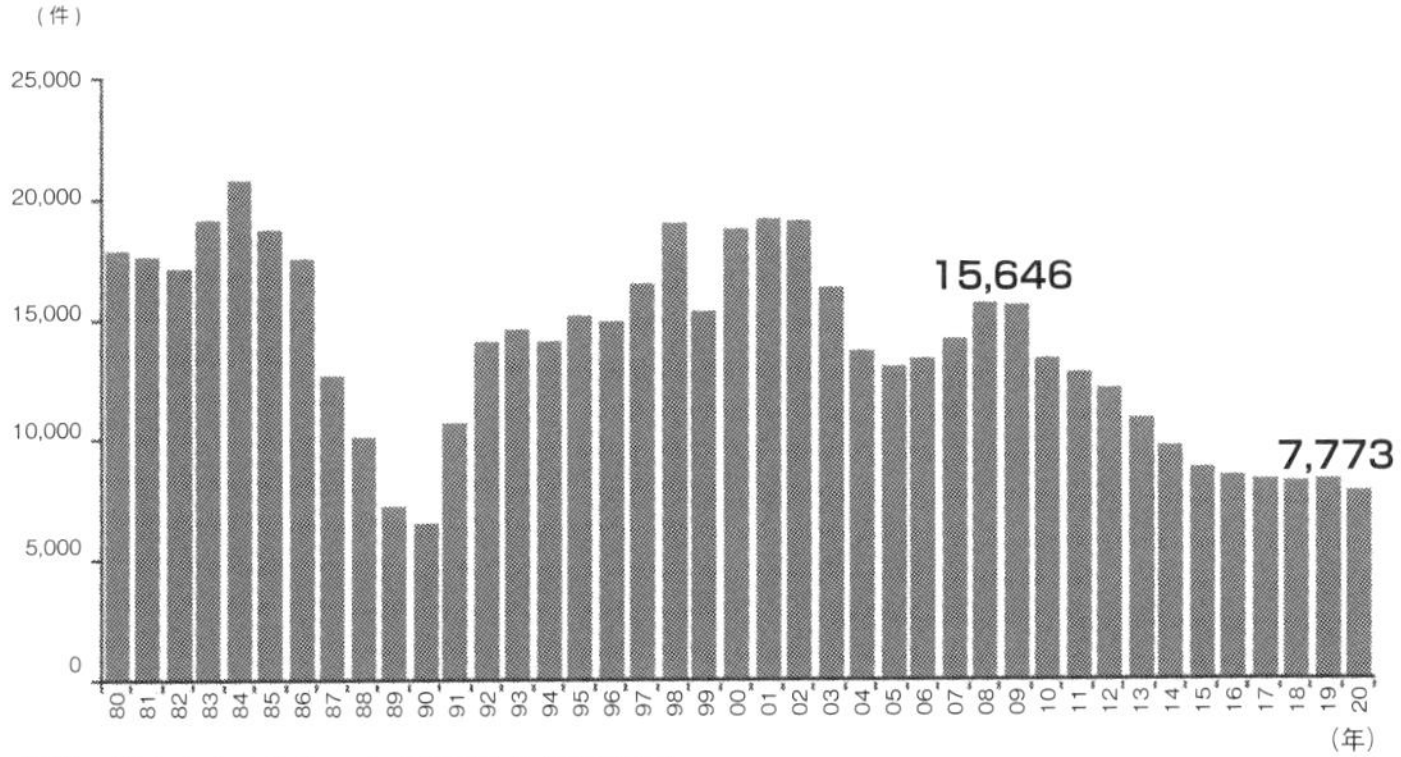

資料：㈱東京商工リサーチ「全国企業倒産状況」

図3　中小企業向け貸出残高の推移

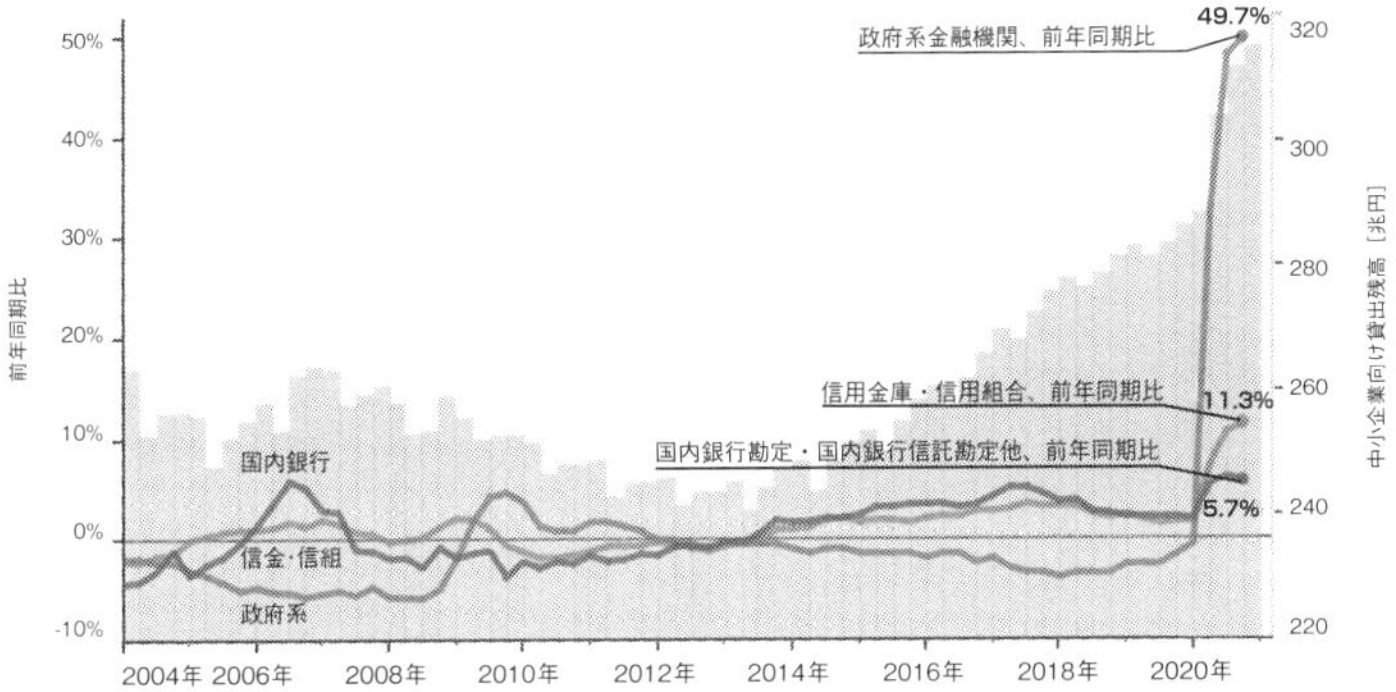

資料：日本銀行「貸出先別貸出金」他中小企業庁調べ

貸出金の急増が図を見ても分かると思います。

特に政府系金融機関からの貸出金が急増しております。

中小企業ですと、日本政策金融公庫という会社をイメージされる方も多いですが、こちらからコロナ融資を受けている企業が多いということがこの図から見てわかるでしょう。

コロナ禍は仕方がないのですが、日常的に借入金に頼ってしまうことには気をつけましょう。本来は、会社の利益を貯金することで、そのお金を運転資金にすることが正しい会社経営の在り方です。

ですので、中小企業には様々な危機が起きることを前提として考えるべきで、普段から利益の出ているうちに、

お金を使ってしまうのではなく、法人税等を支払った後の利益を大事に会社に残しておくべきだと思います。

十分な内部留保があれば、この厳しいコロナ渦を借入金に一切頼らずに、乗り切ることが出来ます。

そして、コロナ禍を乗り切れば、また、売上高が戻り、会社を継続することが出来るで

しょう。

やはり、内部留保が大事だと思います。

私は、法人が簡単にお金を借りることが出来る仕組みは、注意をしなければいけないと思います。

個人で考えてみると分かりやすいのですが、個人は資金使途が明確でないとお金を借りることが出来ません。住宅ローン、自動車ローン、教育ローンなどが一般的ですが、どれも資金使途が明確に決まっています。

目的以外のことにお金を使うのは、許されないのです。

個人の場合で、資金使途が明確に決まっていない中での借入は、クレジットカードのキャッシングしかないでしょう。これは、非常に金利が高く、元本返済も遅れるため、絶対にやめた方が良いでしょう。

ところが、法人では運転資金（人件費等）の名目で低利で融資を受けることが可能になります。

創業時には、創業支援融資というものもあり、決算を迎えていない企業でも、割と簡単に融資を受けることが出来ます。

それだけ、資金調達がしやすい環境にあります。然し、借入金は後に返さなければならないお金です。なので、勿論業種によりますが、理想は無借金で経営を続けることがベストだと思います。

結論になりますが、会社の売上高が下がり、苦しい時の対処法をまとめておきます。

●安易に借入金に頼るのではなく、まずは固定費の削減等で出費を減らし、利益を出し、乗り切る。

●日ごろから、内部留保がある企業は、それを使って、苦しい時を乗り切る。

借入金に頼らない会社経営を目指して、頑張りましょう！

Sec.7 先に投資が必要な副業に手を出してはいけない

会社経営をしていると、本業の経営が悪化してくると、副業に手を出そうとする人が一定数います。

ただ、副業に手を出す前に、まずは本業が悪い時に、なぜうまくいかないのかを、因数分解して徹底的に考えることが大事だと思います。そうして考え抜いた結果、本業の経営を好転させるためにも副業が必要だという結論に至ったのであれば、副業を行うことは問題ないのですが、安易に副業に手を出してしまうと会社は倒産します。突き詰めて考えることが重要です。

本業の経営が悪化してくると、精神的に辛いので、どうしても、逃げたくなって、まだやっていない新しい事業はうまくいくと考え、手を出してしまうことがあります。

結果、本業が疎かになり、副業もうまくいかず、両方ダメという状態になってしまいます。

こうして倒産をしていった会社は数多くあります。

今、会社経営をする人もこれから会社経営を始めたいと思っている人も、自分が決めた本業を大事にし、関連事業の副業であまり時間が取られないものであれば、問題はないのですが、別の分野に進出する時には、特に注意が必要です。理由は、安易に別の事業に手を出すと、本業が疎かになってしまう危険があるからです。

会社経営はすぐに結果が出るものではなく、地道に積み重ねていくものです。

諦めずに続けていれば、どこかのタイミングできっとうまくいきます。まずは、継続出来る体制を整えることを目指しましょう。そして、1日1日を大事にしていきましょう。

個人的には推奨出来ない副業として、他業種を本業にしている会社が始める飲食店の経営です。

飲食店の経営は一番身近な商売であり、敷居も低いため、確かに誰でも出来そうに見えますが、廃業率が非常に高く、成功することがとても難しいビジネスです。

理由としては、飲食店の経営は参入障壁が低いため、誰でも参入出来、競争が厳しいからです。

チェーン店もあるし、長く続いている個人のお店もあるし、今はキッチンカーもあります。

あらゆる競合が生まれては消えての繰り返しです。

飲食店経営は、リピーターの獲得が大事なのですが、それもなかなか大変です。

東京であれば、特に新規の出店が多いので、競争が厳しいです。飲食店の初心者がうまくいくのは難易度が高いでしょう。

はじめての飲食店の出店であれば、東京以外の少し郊外で、家賃が安いところが良いでしょう。

また、飲食店経営を副業で行う場合に、店長を外部から採用して営業することは多いですが、経営者がお店にいないという状態になりますので、現金を管理するリスクがあります。

また、経営者が採用した店長とバイトでお店を営業していくのですが、店長もバイトも雇われている身ですから、基本的には与えられた仕事をするだけです。

飲食店経営において、とても大事な「集客」は基本的に経営者が１人で担わないといけないのです。

飲食店経営で経営者がお店の中にいないで、成功をしているケースも多々ありますが、強いブランディングがあることが、必要だと思います。例えば、ハワイで人気のパンケーキが日本初上陸！　などは分かりやすい例でしょう。

経営者がお店に立たないということは、人件費が高くなり、利益率は低くなるので、飲食物の原価を抑えた分野で勝負するのが基本です。一番初めの段階から、既に成功のハードルが高くなってしまうのです。

ですから、飲食店は気軽に副業で始めるものではないと考えることが大事です。

飲食店の経営は赤字でも問題ないと考えらえるぐらい、本業が儲かっている人が趣味で始めるのは良いと思います。

第3章――【学び&学び直し】
非常識が新常識!
法人化の最大メリットは、社会保険料の削減

Sec.1 個人事業主は社会保険料の負担が大きい

個人事業主の社会保険料は、国民年金保険料と国民健康保険料の2つのコストがかかります。

※40歳以上の方は、更に介護保険料も加算されます。

これは必須でかかるもので、**逃げることは出来ません**。

ですが、自ら立ち上げた会社の社長であれば、役員報酬を0円にすれば、**一切の社会保険料がかからない**ので、これは大きな違いでしょう。

まず、国民年金保険料は所得に関わらず定額で1か月あたり16,610円（令和3年度）**年間199,320円**かかります。また、国民健康保険料については、計算が複雑なので、一例で説明します。

国民健康保険料は、所得に応じて課せられる所得割と所得に関わらず課せられる均等割というものがあります。そして、医療分、支援分、介護分の3つに分かれています。

各市区町村によって、料率が異なるのですが、東京都荒川区を例に説明します。

例　夫：個人事業主35歳　妻：パート33歳　子供：２人（10歳と５歳）
東京都荒川区在住　令和２年の収入に基づいて算出

［夫の収入］
・事業収入：１，０００万
・**必要経費：２００万　・青色申告特別控除：65万　・基礎控除：48万**
・事業所得：６８７万
なお、国保の計算では、扶養控除・社会保険料控除・医療費控除などの「所得控除」は適用されません。

［妻のパート収入］
・給与収入：１００万
・基礎控除：48万
・給与所得：52万

※図1～4はあくまでもシミュレーションであり、実際の保険料と異なる場合がありますので、ご了承ください

図1　加入者別保険料詳細

（単位：円）

加入者	基礎賦課額（医療分）		後期高齢者支援金等賦課額（支援分）		介護納付金賦課額（介護分）		加入者ごとの保険料概算額
	所得割	均等割額	所得割	均等割額	所得割	均等割	
	7.13%	38,800	2.41%	13,200	1.98%	17,000	
夫	459,172※①	38,800	155,204	13,200			666,376
妻	6,417※②	38,800	2,169	13,200			60,586
長男		38,800		13,200			52,000
次男		38,800		13,200			52,000

※①計算式：687万－43万=644万×7.13%　　※②計算式：52万－43万=9万×7.13%

図2　保険料詳細

（単位：円）

世帯合計	所得割額	均等割額	合計額
基礎賦課額（医療分）	465,589	155,200	620,789 （最高限度：63万）
後期高齢者支援金等賦課額 （支援分）	157,373	52,800	190,000 （最高限度額：19万）
介護納付金賦課額（介護分）	0	0	0
			810,789

※加入者別保険料詳細及び保険料詳細は、令和３年度荒川区役所の計算シートから引用

国民健康保険の負担だけで、家族全員分とはいえ、年間810,789円かかるということは、非常に大きな負担になります（図1・2）。

国民年金と合算すると、1,010,109円となります。40歳以上の人は更に介護保険料の負担も発生します。

この費用以外にも別途、所得税、住民税、個人事業税がかかりますから、大きな負担になります。

税金をまとめてみましたので、ご参照ください（図3）。

そして、法人と個人事業主

図３　個人事業主の負担額

国民年金保険料	199,320 円
国民健康保険保険料	810,789 円
所得税※	666,500 円
住民税※	562,000 円
個人事業税※	255,000 円
合計	2,493,609 円

※所得税、住民税、個人事業税については、簡易計算ツールにて計算したため、概算として理解してください。

図４　法人と個人事業主との違い

＜法人＞※役員報酬０円の場合で計算

売上高	1,000 万
販管費等の経費	200 万
利益	**800 万**
法人税等	200 万
税率	**約 25%**

＜個人事業主＞

売上高	1,000 万
販管費等の経費	200 万
利益	**800 万**
社会保険料等	249 万
税率	**約 31%**

で経営した場合の税負担の違いをまとめたのが図４になります。

個人事業主の場合、所得８００万に対する税金で考えると、約31％の負担になります。

法人税率等は利益８００万円以下は約25％ですから、約６％も違います。

法人成りを検討しても良いかもしれません。

ただ、実際には、法人になり、決算実務を税理士に依頼をするようになれば、年間約

40万円ぐらいはかかりますので、あまり変わらない金額の差となってしまいますので、注意が必要です。

社会保険料の中でも個人事業主は、特に、国民健康保険料が高額になってしまうケースが多いので、注意しましょう。法人では、法人税等も800万円以下の利益に対しては、法人税等で約25%取られてしまいますが、個人事業主の税率に比べると安いと思います。

個人事業主の国民健康保険料は、健康保険のように労使折半という制度が無いので、高額になっております。

個人事業主は、税率が高いという認識を持っている方が多いため、本当はいけないのですが、私用の費用を経費として計上して、赤字にしている方が多くいるかと思います。理由は上記、国民健康保険料、所得税、住民税の負担を減少させることが出来るからです。但し、それをやってしまうと、本末転倒です。

税務署から税務署調査が入った際には、追徴課税を受けるリスクもあります。

■学び&学び直しの〝気づき〟

改めて確認ですが、事業活動の一番の目的は何でしょうか？ 今ある手元のお金を増やすことではありませんか？

勿論、多くのお金を使いたいという人は、事業に基づく経費を使うことが前提ですが、国民健康保険料や所得税や住民税を下げることは良いのかもしれませんが、お金を使う目的が税金を減らすためだと、得策ではないでしょう。

経費がそれだけ発生しているという事は、お金をそれだけ使っているということになるので、貯蓄が出来ないことになります。貯蓄が無いと、個人事業主の経営が悪化した時に、資金繰りが困ることになります。

個人事業主や中小企業は、確実に業績が良い時ばかりではありません。

必ず、業績が悪くなる時が来ます。新型コロナの大流行で実感した方も多いのではないでしょうか？

コロナの前にはリーマンショックもありましたし、経済危機は定期的にあるのです。十年に一度は経済危機が起こると考えておいた方が良いでしょう。

今後どのような危機があるのか分かりませんが、そのような不測の事態に備えることが大事です。

自らの事業を長く継続するためには貯蓄をすることはとても大事なのです。

貯蓄をして、将来の危機に備えていきましょう！

Sec.2 役員報酬は限界まで下げよう

ひとり社長を経営していく中で、役員報酬の設定金額をいくらにするのかという論点があります。

恐らく、中小企業の全ての社長が役員報酬の設定額に迷ったことがあると思います。

私は役員報酬0円もしくは、極力低い金額に設定すべきだと考えておりますが、その理由について、これから解説していきます。

ここでは、役員報酬を780万円に設定した場合の事例を用いながら説明を致します。

※想定事例：東京住み、独身、40歳未満、役員報酬780万

役員報酬を780万円（図5）に設定をすると、会社は役員に対して780万円のみ支払えば良いと考える方がいるかと思いますが、実際にはそうではありません。

実は、役員報酬780万円以外にも会社が支払わなければならないお金があります。それは、**社会保険料**です。

図５　役員報酬

項目	金額／年
役員報酬	780 万
健康保険料	△38 万
厚生年金保険料	△68 万
介護保険料	△　0 万
所得税等	△46 万
住民税	△46 万
手取り合計	582 万
役員報酬に対する手取りの割合	約 75%

図６　会社負担の社会保険料

項目	金額／年
健康保険料	△38 万
厚生年金保険料	△68 万
合計	△106 万

図７　会社負担及び役員負担

役員の手取額	582 万
(役員の手取額 ÷ 会社の負担額*－１）×100＝%	34%
※会社の負担額（役員報酬＋会社負担の社保）	886 万

社会保険料とは、「健康保険料と厚生年金保険料」の2つです。
※40歳以上の方は別途介護保険料の負担があります。

こちらは労使折半という制度になっておりますので、下記役員が払った金額と同額を会社は納めなければなりません。実際に会社は役員報酬を780万円に設定した場合に、**役員報酬780万＋社会保険料106万（前頁図6）＝886万円を会社は支払いしなければならないことになります。**支払先は、役員に対して780万の支払いと日本年金機構に106万円の支払いが必要になります。

社会保険料の負担はとても大きいことがわかると思います。

ここで、大事なポイントがあります。

会社と個人が一体となっているひとり社長の場合には、会社の総支払額から役員個人の手取り額がいくらになるのかを考えることが重要です。

役員報酬780万円の事例をもとに考えますと、役員が582万円を受け取るために、会社は886万円を負担しているという事が分かります（前頁図7）。

会社が支出した金額（886万円）から34・3％を引いた金額が受取額となります。

会社の利益が800万円以下の場合に法人税等が25％だと考えると9・3％高いという

ことになります。

結論としては、法人の利益は、法人税等を支払って法人にお金を残した方がより多くのお金を残すことが出来るということになります。

ただ、法人にいくら貯蓄しても、いずれは個人にお金を移転する際に税金が課税されるから、同じことではないかという意見もありますが、法人から個人に資金を移転する際に最も税率の低い役員退職金の制度を使えば、解決します。

役員退職金はご存知の方も多いと思いますが、３つのメリットがあります。

①分離課税：給与所得とは別に課税される。
②退職所得金控除：役員在籍年数（20年以下）×40万＋役員在籍年数（20年超）×70万
③1/2課税：（退職金－退職所得控除）×1/2＝退職所得

分かりやすく事例を用いて、説明します。

事例

役員在籍年数：30年

退職金：2，000万

退職所得控除：800万（20年×40万）＋700万（10年×70万）合計：1，500万

退職所得：（2，000万－1，500万）×1/2＝250万

法人から個人に2，000万円の資金を移転するのに、250万円の退職所得として課税を受けるという事になります。それだけ税率を下げることが可能になります。

ですから、役員報酬として、毎月社会保険料を支払うのではなく、社長が引退する際に、一括して退職金として、受け取ることがベストだと思います。

尚、社会保険料の中にある厚生年金保険料は将来の年金給付に繋がりますので、決して無駄なお金ではありません。

ただ、数十年後に今以上に少子高齢化の世の中になり、現在の年金受給者と同様に年金を受給出来るかというと、私は厳しいのではないかと思います。

年金に頼るのではなく、自分で資産運用を行い、将来の自分年金を積み上げていくべき

だと思います。ですから、

私は会社の利益は役員報酬で多くの税金を払うのではなく、法人税を払って法人でお金を貯蓄し、そのお金を使って、株式投資を行い、お金を増やしていくことが会社及び個人を一体として考えた場合に、資産を着実に増やしていくものと考えています。株式投資のことについては、次章でお話しています。

Sec.3
役員報酬０円にして、社会保険料の負担を無くそう

役員報酬というのは、会社役員の給料のことです。

自ら株主として立ち上げた会社では、社長の給料は、自分で設定することが出来ます。

社長を株主自身が行うとして、私がおススメしているのは、会社設立1年目の役員報酬を０円にすることです。

但し、条件に当てはまっている方に限定して大きなメリットがございますので、それをこれから説明します。

つぎの３つの条件に当てはまっている方は、非常にメリットがありますので、利用した

方が良いでしょう。

①結婚していて、配偶者が会社員の方。
②社長個人の貯蓄が生活費の1年分以上はある方。
③節約をすることが苦ではない方。

それぞれ説明していきます。

①について、結婚をされていて配偶者の扶養に入ることが出来る方でないと役員報酬0円のメリットは大きくありません。

仮に、役員報酬0円にして、配偶者の扶養に入ることが出来なかった場合には、**国民健康保険及び国民年金**に加入する必要があり、自ら支払いをしなければなりません。

また、役員報酬を0円にすると、会社の利益が役員報酬分増えることで、その分に係る法人税等の支払いがありますので、その点はご注意ください。法人の利益が800万円を超える方は、法人税率も上がってくるので、役員報酬をもらった方が税金的にメリットがあるケースもありますので、確認が必要です。

②について、役員報酬を０円にするということは、貯蓄がある程度無いと生活資金が不足する事になります。

理想は、個人で株式投資などを行っていて、配当収入で生活費を賄うことが出来るようになると役員報酬は本当の意味で不要になります。但し、それはなかなか難しいと思いますので、まずは当面の生活費分の貯蓄があることを目安にしましょう。会社からの貸付金をするなどして生活費を補う方法もありますが、利息負担が発生し、貸付金以上のお金を返済しなければなりませんので、得策ではないでしょう。

③について、役員報酬０円にするということは業務に起因するもの以外に、お金を使うことが大変になります。

例えば、洋服代、生活費など業務以外のお金を支払うには、経費にはなりませんので、自らの貯蓄から支払うことになります。プライベートな支出が多い方は、役員報酬をある程度もらった方が良いと思います。

以上が、役員報酬０円にすることのメリットや注意点を記載致しました。

共働きの家庭も増えているため、配偶者が会社員の人も増えているかと思いますので、条件に当てはまる社長は、役員報酬0円を採用しても良いと思います。

次は**役員報酬0円のメリットを具体的に解説**していきます。

役員報酬0円のメリットは、社長個人の社会保険料、所得税、住民税を全て0円にすることが出来るからです。

然し、生活資金はどのように捻出するのかということが問題ですが、普段のプライベートでの支出を会社設立前に把握していると、分かると思います。年間のプライベートの支出分の貯蓄があれば、何とかなります。

やはり役員報酬0円は、貯蓄が無いと選択出来ません。

また、補足ですが、会社の設立当初は売上高がいくらになるの分からないため、役員報酬の設定金額に迷うケースがあります。そのため、1年目は役員報酬を0円にすることで、仮に1年目に会社の売上高が0円だったとしても、困ることはないというようにした方が精神的にも安心します。

次に、**役員報酬を0円にして、配偶者の扶養に入ることの解説**をしていきます。

結婚をしている方で配偶者が会社員の場合に、配偶者の扶養に入るという選択をすることが出来ます。

※配偶者の会社の健康保険組合によって、扶養に入る条件があります。その点は事前に会社に確認をして下さい。

但し、会社役員が配偶者の扶養に入るためには条件があり、それが役員報酬を０円にするということです。

例えば、役員報酬を年間10万円や20万円でも会社から受け取っていると、社会保険の加入義務があります。

会社役員は社会保険に強制的に加入する義務があるので、仕方がありません。

ところが、役員報酬を０円にすると、所得が無いという事になり、社会保険に加入したくても入れないということになります。結果として、配偶者の扶養に入るように配偶者の会社に申請をして、承認が下りれば、無事に扶養に入ることが可能になります。

配偶者の扶養に入る事のメリットは、次ページ図8を参照してください。

役員報酬０円は、配偶者にとっても、扶養手当がもらえたり、配偶者控除があるため、所得税、住民税が安くなったりなど、メリットが多くあります。是非ともご検討ください。

図8　配偶者の扶養に入るメリット

●年金のメリット：国民年金の第３号被保険者となり、保険料の負担が無くなる。第１号被保険者として保険料を支払っていた場合と同じになる
●配偶者のメリット：配偶者控除が適用される。納税者（配偶者）本人の所得が９００万円以下→３８万円の配偶者控除が受けられる
●配偶者のメリット：扶養手当。会社の福利厚生によるが、会社員の方は配偶者や子供を扶養に入れることで、扶養手当を受け取ることが出来るケースがある

ただ、役員報酬を0円にすると、一点大きなデメリットがあります。それは、個人で自由に使えるお金が一切なくなることです。これは、大きな問題です。

例えば、自宅の水道光熱費、食費、洋服代、趣味、自宅の家賃の一部など、会社の経費として、認められないものについては、個人の自己資金で全て支払わなければなりません。

個人的には、この大変な状況が逆に良いのではないかと考えております。

理由としては、無駄なお金を使えなくなるからです。

勿論、生活に絶対に必要なお金はありますので、それを無くすことは出来ませんが、その費用よりも無駄なお金を使っている人は多いと思います。

役員報酬として社長自身がお金をもらうとその資金使途は何に使っても自由ですので、いっぱいお金を使ってしまう人も多くいるかと思います。

ところが、役員報酬0円になると当然、社長個人で自由に使

図９　経費計上できる項目

●PC やプリンタの購入代金
●デスクやイスなど仕事で使う什器、備品
●携帯の通信費（仕事で使用している分のみ経費算入可能）
●自宅の家賃（仕事に使用しているスペースのみ経費算入可能）
●仕事関係の方との飲食代
●仕事で使うマイカー、その燃料代、維持費、保険料
●出張の旅費

えるお金は一切無くなります。

役員報酬を無くすことで、会社に役員報酬分の利益が出ることになり、その分会社の経費として利用出来る金額は大きくなりますが、会社のお金なので、自由に使うことは出来ません。

会社のお金は、全て領収証のように資金使途が明確でないと使うことは出来ません。

ましてや会社の事業のために使ったお金でないと、会社のお金は使うことが出来ません。制約が多いお金です。結果的に、自由にお金を使えなくなるため、自然と会社にお金が溜まっていきます。

個人的な無駄な出費を抑えることが出来、会社に貯蓄することが出来るようになります。役員報酬０円の隠れたメリットではないかと思います。

最後に、図９の会社が販管費として経費計上出来る項目をご参照ください。

独立して仕事をしている方は、仕事に趣味と同じくらい夢中になることが大事です。仕事が趣味化すると、この図9のような、仕事に関連する費用しかあまり使わなくなっていくことになります。

結果的に、労働時間が増加し、販管費を使い、売上高を伸ばしてくことが出来るようになります。

やはり仕事で結果を残すためには、まずは労働時間を増やすことが大事だと思います。役員報酬0円にすることで、仕事に関わるものしかお金を自由に使えなくなるという状態になるので、自ずと仕事をするしかない状況を作り出すことが出来るのです。

勿論、仕事以外に係る生活費等もありますが、そこは、次章で紹介する会社で株式投資をした株主優待を有効に活用したり、個人の株式の配当金からの収入で生活費を賄えるようにしていくと、役員報酬0円でも苦しくない生活が出来るようになります。

第4章――【学び&学び直し】

非常識が新常識！

節税対策にならない法人での株式投資をやるべき理由

Sec.1 なぜ法人なのに、株式投資をした方が良いのか？

実際に株式投資を法人で行っている方は少ないと思います。理由は、

・株式投資は経費にならない
・銀行借入金をする際に資産としてみてもらえない
・配当金や譲渡益の税率が個人よりも高い

などのデメリットがあるためでしょう。ところが、実はあまり知られていないメリットも沢山あります。

これからそのメリットについて、述べていきますが、その前に一点注意なのは、株式投資をするよりも自分の会社ために、そのお金を使った方がリターンが大きいというビジネスの場合には、自らの会社に投資をするべきです。ですから、全ての業種の会社が株式投資をするべきだとは言いませんが、会社に現金預金として貯めていくのであれば、株式投資も検討するべきだと思います。

それでは、法人で株式投資をするメリットについて解説していきます。

この本では、株式投資の中でも、日本の個別株についての説明をしていきます。

理由は、確かに個別株はハイリスクハイリターンの投資方法ですが、ひとり社長のように投資金額としては、少額のお金（1，000万円以下）で投資を始めるには、最もリターンの大きい方法なので、おススメしております。
※株式投資にはリスクがあります。自己責任でお願いいたします。

Sec.2 理由その①
株主優待を非課税で社長個人が受け取ることが出来る

こちらが一番のメリットだと思います。日本企業は多くの会社で株主優待制度があります。株主優待は、法人での株式購入であっても個人と同様に受け取ることが可能です。

例えば、個人でA社の株式を100株保有しており、A社の株主優待を受け取りました。

法人でも同じA社の株式を100株保有していたら、法人でもA社の株主優待受け取ることが可能になります。

個人、法人とダブルで株主優待を受け取ることが可能になります。

更に、例えば結婚されている方は、会社、本人、配偶者と3人で100株ずつ優待の欲しい株式を保有することで、優待を3つ受け取ることが出来るのです。とても良い方法なのでおススメいたします。

※子供がいる方は、ジュニアNISAを利用すれば、更に優待を受け取ることが出来ます。

また、株主優待は、非課税なのも大きいです。例えば、クオカードを配布してくれる株主優待の企業がありますが、クオカードは換金率が非常に高いため、このクオカードを換金したら個人で自由に使えるお金になります。

別に換金までしなくても、コンビニなどではそのまま利用出来ます。税務上は問題ないかと思います。

ですので、こうした株主優待を利用していくことで、例えば、個人の役員報酬を引き下げたことでの苦しい生活費を補っていく、ということが出来るのです。皆さんも、是非ともやってみましょう。

図1は、私のおススメ株主優待です。これは「私の好み」でのおススメになりますので、皆さんもそれぞれ自分の好みの株主優待を見つけて、その会社の株式を保有しましょう。

図１　私のおススメな株主優待（2021年10月現在）

銘柄	優待内容
オリックス（8591）	権利確定日：３月末　100株以上でカタログギフト ※３年以上継続保有→カタログギフトがグレードアップ
日本取引所（8697）	権利確定日：３月末　100株以上で1,000円のクオカード １年以上２年未満の保有→2,000円　２年以上３年未満の保有→3,000円 ３年以上継続保有→4,000円
ヤマダHD（9831）	権利確定日：３月末、９月末　優待の品：買い物券 ＜基準日：３月末＞100株～499株　500円分　500株～999株 2,000円分 1,000株～9,999株　5,000円分　10,000株以上　25,000円分 ＜基準日：９月末＞100株～499株　1,000円分　500株～999株 3,000円分 1,000株～9,999株　5,000円分　10,000株以上　25,000円分
JT（2914）	権利確定日：12月末　優待の品：物品 100株以上2,500円相当　200株以上4,500円相当 1,000株以上7,000円相当　2,000株以上13,500円相当
すかいらーく（3197）	権利確定日：12月末、６月末　優待の品：食事券 100株以上2,000円　300株以上5,000円　500株以上8,000円 1,000株以上17,000円
KDDI（9433）	権利確定日：３月末　優待の品：カタログギフト 100株以上3,000円相当　1,000株以上5,000円相当 ※5年以上継続保有の場合、100株以上5,000円相当 1,000株以上10,000円相当
吉野家HD（9861）	権利確定日：２月末、８月末　優待の品：食事券 100株～199株2,000円　200株～999株5,000円 1,000株～1,999株6,000円　2,000株以上12,000円

※株主優待は毎年、改定のリスクがあるので、必ず投資前にチェックしましょう。

【買い物券はこう使う】

ヤマダＨＤ、すかいらーく、吉野家の株主優待については、もし店舗に行って買い物券を使わない人は、メルカリで株主優待券を販売しましょう。高値で売ることが出来るので、送料（84円または94円）と販売時の手数料（販売価格の10％）は引かれてしまいますが、換金することが出来ます。

また、例えば買い物券を販売して得たメルカリのお金を使って、メルカリで中古の書籍を購入することが出来ます。経営者の方は本を読むことが多いと思いますが、こうした書籍代の節約の方法もあります。

勿論、読み終わったら、またメルカリで販売すれば、家に本を残しておく必要もないので場所も取らないですし、良いと思います。

図1を見ると、様々な会社の株式を「**100株**」保有することが、株主優待を獲得する上で、最も資金を少なく抑え資金効率の良い方法になります。また、様々な会社に投資すれば、リスク分散も図れるので、更におススメです。皆さんもとりあえず、1社でも良いので、100株の株式投資をして、株主優待を受け取りましょう。

購入する際は株式市場全体が下落している時に購入すると割安で購入することが出来ま

す。注意点は、たくさんの銘柄のチャートを見て、過去の推移を見ながら、投資のタイミングを自分で見極めて下さい。

勿論、投資にリスクはつきものなので、株式投資をしている会社が倒産したら投資した資金は返ってきません。そのリスクは承知の上で、行ってください。

こちらでご案内した以外にも非常に多くの株主優待があります。

２０２１年３月末時点で、全上場企業の約４割にあたる１，５１６社で株主優待が導入されております。まずは、自分が良く買い物するお店の会社の株主優待を確認しましょう。家計費削減に繋がるケースもあるはずです。

Sec.3　理由その②　配当金の収入を増やし、本業の売上高を補填出来る

株式投資には、株主優待とは別に、配当金を受け取ることが出来ます。こちらもとても大きなメリットです。

投資した金額の何％かを配当金として受け取ることが可能になり、会社のＰ／Ｌの営業外収益の受取配当金に入ります。

法人での株式投資の場合、配当金は約15%引かれた金額が入金されます。更に、その15%引かれた金額に対して、法人税の課税がされてしまうので、約36%ぐらいは税金で取られてしまう事になります（個人は約20%の税率）。

基本的には、個人よりも法人の方が税率は高いのですが、法人は経費を引いた後の利益に対して課税されるので、赤字の法人であれば、15%の税金のみで済みます。

結果的に、個人の税率よりも約5%低くなります。

また、法人の株式の配当金には益金不算入という制度があります。配当金のいくらかは課税されないで済むとのことですが、詳細は非常に分かりにくいので、今回は割愛します。気になる方は、税務署や無料相談をしている税理士に聞いて下さい。

本業以外に収入があるというのはとても有難いことで、この金額を増やしていくことで、**本業が厳しくなった際の売上高の補填になります。**

例えばですが、配当収入で年間100万円を目指していくと、会社の固定費の一部を補填することが出来たりするなど、会社経営の安定にもつながります。

勿論、株式の配当金は減配リスクもありますので注意が必要ですが、配当収入が積み重なっていくと意外と大きな金額になっていくので、地道に配当利回りの高い銘柄を買い増しして増やしていくことは大事だと思います。

参考にＪＴという会社は、税引き前、配当利回り（年間配当金／株価）で約６％を受け取ることが出来ます。

例えば、１，６００万円のＪＴの株式を保有していたとしたら、毎年、配当金で、税引き前約96万円を受け取ることが出来ます。15％を引かれると、81・６万円です。月にしたら、６・８万円です。小さな事務所代ぐらいにはなりそうな金額です。

配当金はとても大事な収益源になりますので、銘柄を選別して、投資をしていくと良いかと思います。

ただ、注意が必要なのは、配当利回りが高い銘柄は相対的に株価が低いという事なので、将来的な会社の成長を期待されていない銘柄ということになります。

ＪＴでいえば、たばこ事業の成長性が低いと市場では判断されているということになります。

なので、配当利回りの高い銘柄は将来的な株価の上昇を期待しにくい傾向がありますので、この点を知っておく必要があります。

高配当銘柄は、将来の株価の値下がりリスクが潜んでいます。

こうした様々な要因を考え、検証し、どの銘柄を保有したら良いか自分で考え判断し、投資をしていくことはリスクはありますが、とても面白いことなのは間違いないです。

Sec.4 理由その③
実は株式投資よりも不動産投資の方がリスクは高い

法人で不動産投資を検討している方は多いと思います。理由は建物価格を減価償却出来るからだと思います。

利益の出ている会社にとって、節税目的に不動産投資を行う会社は多いでしょう。

ところが、不動産投資は株式投資よりも、リスクの高い投資になりますので、素人がそのままやるには非常に危険です。

なぜなら、不動産は買った後に、多額の修繕費用が必要になり、投資額よりも多くお金を出さなければならないリスクが潜んでいるからです。つまり、**自分が投資したお金以上の費用がかかるリスクがある**ということです。

株式投資では、信用取引を行わない限り投資金額を超えるお金が発生することはないので、その点は安心できます。

勿論、自然災害の被害による修繕資金であれば、火災保険がありますが、雨漏り等の老朽化による損害は保険では対応出来ません。

今注目されている価格の安い築古の戸建ての不動産投資を考えている人は多いと思いますが、老朽化による修繕リスクがあるということを忘れてはいけません。オーナチェンジ物件を購入した場合、内見が出来ませんので、例えば、入居期間が長期間に渡っている人が退去した際には多額のリフォーム費用が発生する可能性があります。敷金の精算では補えないでしょう。

ですから、オーナーチェンジ物件を購入する際には、入居者の入居期間を確認する必要があります。

また、利回りを高く見せるために、大家から入居者にお金を払って住んでもらって、オーナーチェンジ物件として販売するなんていう詐欺みたいなこともあるようなので、不動産の購入には、特に注意が必要です。

建物の価格自体は安くても、修繕費に多額の費用がかかり、それを回収することが出来ず、入居者は退去してしまい、空室になるという最悪のケースも想定しなければならないのです。

また、不動産投資は、仕入れ価格を抑えることが一番大事になるのですが、不動産市場では、不動産屋や投資家など経験豊富な猛者どもが毎日多くの物件を見て、物件購入の機会を狙っている業界です。

現在の高騰した不動産相場において、素人がインターネットで販売をしている物件を購入して、いきなりうまくいくのはなかなか難しいでしょう。

購入を希望する物件に、この価格なら買いたいですと伝える指値という方法がありますが、インターネットで表示されている価格を基準に考えるのではなく、この価格なら投資をしても良いという判断基準が無いとうまくいきません。まずは、その目を養うようにしましょう。

不動産投資は初心者が手を出すビジネスではないという話を述べてきましたが、一部不動産投資で成功しやすい会社もあります。それは、多額のキャッシュを保有している会社です。

キャッシュを持っていると高価な築浅な物件の購入が可能になるなど購入出来る物件の選択肢が増えるので、築古の戸建てや再建築不可などリスクの高い投資をする必要が無くなります。

また、キャッシュが沢山あれば、融資がつかない物件に対して、キャッシュでの購入も可能ですし、また、自己資金が多いと銀行融資を受けやすく、購入出来る物件の金額も大きいため、一棟のマンションの購入も可能になるでしょう。

一棟マンションを購入出来れば、一室が空室になっても、さほど収益に影響を与える部分も少ないため、安定した経営が可能になります。自社で管理をすれば、更に収益も増やすことが可能になります。

一棟マンションの売り物件情報は、投資金額が大きいため、一般的な購入者が少なく、インターネットでなかなか出回りにくいので、銀行や不動産会社と関係性を構築して情報を得る必要があります。

こうしたキャッシュ・リッチな企業にとっては、不動産投資はとても有効な方法だと言えます。

例え、キャッシュは無くても、不動産投資を一から行い、数多くの物件を所有し、成功している事例もあります。

そうした会社の多くは、毎日ネットで物件を探し、仕入れを価格を抑えるための努力を惜しまずやっています。

そうした努力が苦にならない人は挑戦してみても良いかと思います。

ただ、価格が安く利回りの高い物件は市場に出回る前に、不動産屋から馴染みの顧客に回されたり、不動産屋自身が購入してしまうこともあるので、ネットで見つけることが難しいことも事実でしょう。

よく本やネットなどでは不労所得として、不動産投資を推奨しているものが数多くありますが、不動産投資で今から成功することはかなり難しいことです。理由は不動産価格が上昇しているからです。また、不動産投資は購入後に手間がかかる点にも気をつけましょう。

例えば、家の修繕費用など、素人はなかなか適正な見積額の算定が出来ず、修理を依頼した業者に足元を見られて、高い修理額を請求されてしまうなどのリスクもあります。

やはり、それなりに不動産の知識をつけてから投資を始めた方が良いでしょう。

決して、宅建の知識があれば良いという訳ではなく、「リフォームの知識」と「市場価格の調査を行い、価格を見極める力」は最低限必須のスキルでしょう。

今の時代は、不動産価格はどこの地域も総体的に上がっています。

特に都内にいると、不動産価格はコロナ前後でも関係なく、上がっています。

不動産価格が上がっているということは、購入時の価格も上がることになる訳ですから、当然に利回りは下がります。

そして、これからも上がっていくことが予想出来れば、問題ないのですが、どこかで調整が入る可能性もあります。やはり、不動産価格が安かった時代には、不動産投資は儲かる事業であったと思いますが、今の時代には、不動産投資で成功することは素人には難しいと個人的には思います。

■学び&学び直しの〝気づき〟

実際に、不動産投資の成功事例を見ていると、数十年前に安く買った物件を高く売ることが出来たり、数十年前に安く買った物件を賃貸に出していたりなど、**仕入価格を抑えることが出来たことが成功の秘訣**だと思います。

今の時代、不動産の仕入価格が上がっているため、物件を見る目が余程無いと、成功しないと思います。

不動産屋は仕事柄、毎日物件の価格を見ております。そうした不動産屋よりも早くより良い情報を仕入れることは難しいので、参入するには注意が必要なのです。

Sec.5 理由その④
株式購入にあたり、必要な銘柄スクリーニング方法

私が実際に行っている株式投資の銘柄選定方法について、お伝えしていきます。
順番に説明をしていきますが、２つの銘柄方法を決めています。

①成長株（グロース株）への投資。
②割安株（バリュー株）への投資。

この２つです。

図2は、分かりやすく成長株と割安株のメリット、デメリットを挙げましたので、参照してください。

①成長株
成長株への投資は、これから売上高が伸びていくような会社へ株価の上昇を期待して、株価の値上がりを目的とした投資方法です。

図２　成長株と割安株のメリット・デメリット

投資方法	メリット	デメリット
成長株への投資	株価の上昇が期待できる 数十倍になることもある	配当金が無かったり、少ないケースが多い。株主優待もない
割安株への投資	株主優待、配当金がある 株価は下がりにくい	株価の上昇を期待できない

私は20歳から株式投資をしており、現在34歳なので投資歴は14年になりますが、スタートは成長株のみに投資をしておりました。

理由は、投資出来るお金が少なかったので、まずはお金を増やさなければならないと考え、株価の値上がり益（キャピタルゲイン）を期待して投資をしていたからです。

そこで現在、投資できるお金が少ない人（１００万円以下）はまずは成長株への投資をした方が良いと思います。

私は、社会人になり貯蓄が出来るようになってから、それなりに投資資金が準備出来るようになったので、成長株だけでなく、割安株にも投資を行いました。

そして、配当金や株主優待を得ることが出来るようになりましたが、常に投資割合としては、９割以上を成長株に投資しておりました。

具体的な成長株の投資対象ですが、現在でいうと、例えば、エムスリー（２４１３）などの、これから成長をしていくだろうという銘柄を探して投資をしていました。

市場でいうと、マザーズ市場が多いかと思います。成長株を購入す際に大事なポイントが２つあります。

①日経平均株価、ＴＯＰＩＸ、東証マザーズ指数といった各種指標が全体的に下がっている時で、且つ予め登録していたお気に入り銘柄の株価が低い時に購入すること。

②自分が投資対象の会社の事業内容を理解でき、これからその会社及びその会社のいる市場が成長をしていくことがイメージできること。また、成長市場の中で、その会社がシェアを増やしていくことが想定できること。

③現在の株価が同業種と比較して、高すぎないこと。

簡単に言うと、まずはこの３つを意識しています。

また、ここで、銘柄の選定において、とても重要なポイントを説明します。

自らが生活していくなかで、このサービスはとても良いなって思った時に、この会社の株価ってどうなんだろうって調べてみることがとても大事です。

仕事をしていてこの会社のサービス良いなって思った時も同じです。

自分自身で使ってみて良いなと思ったサービスは、その他の人にも広がる可能性があります。

つまり、その会社の売上高が上昇し、株価が上がる可能性があるのです。

結局、株価はその会社の業績に紐づいていきます。

一番大事なのは、投資する会社の将来の業績を考えて、投資をすることです。

私は株式投資をはじめてから、習慣的にこのサービスはどこの会社が手掛けているのだろうか、といったことがものすごく気になる性格になりました。

数年前になりますが、私はメルカリ（４３８５）が好きで良く利用しているのですが、このサービスはとても使いやすくて良いと思いました。

ヤフオクも使っていたのですが、出品するのに手間がかかっていました。

ところが、メルカリは、簡単に出品できるという点や発送がヤマトと提携しているため手軽に安く出来るという点が良く、確かに10％手数料はヤフオクよりも高いですが、それでもメルカリを利用していました。

そして、株価を見たところ、チャートで見ると、丁度下がっていたので、購入しました。

今は、メルカリはコロナの巣ごもり需要で株価は上昇傾向になっています。

実際に、購入してから1年ぐらいは、購入価格よりも下がったりしたこともあり、気持ち的には辛かったのですが、メルカリのサービスに魅力を感じていたので、信じて保有し続けました。

結果的に、上昇しましたが、大事なことは株価は業績に紐づいていくということです。

株価の上がり下がりを予想することは誰にも出来ませんが、これから業績が良くなっていくだろうという事であれば、ある程度その会社の業務内容や市場から判断が出来ることもあります。

そうして、これから業績が良くなりそうな銘柄を見つけ、その株価をチャートから見て、それほど上がっていない株価でしたら、購入を検討するというやり方は個人的には間違っていないと思っています。

また、自分が事業内容を理解できる会社に投資をするということも大事なことだと思います。

自分が理解している業界や会社の事になりますと、変化に敏感に反応出来るようになります。メルカリのサービスでいえば、メルペイを始めていたり、ドコモと提携したり、法人向けのショップ事業に参入したりなど、ニュースを見ていなくても、自然とメルカリを使っていると分かることも多いからです。

そうして、会社の事業内容を自然と理解することが出来るようになり、会社の変化にも瞬時に気が付くことが出来るのです。

結果として、今後の会社の成長イメージを理解することが出来るので、長期保有が可能になります。株式投資の基本は長期投資です。買ったら、売却しないことです。

その変わり、購入する時には多くの時間を使って、購入対象銘柄を調べ、投資のタイミングに注意することが大事です。

②割安株

割安株への投資についてですが、あくまでも割安株の目的は、株価の上昇よりも配当金及び株主優待を獲得することだと思います。

割安株の投資対象を探す際に最も大事にしている指標は、ＰＢＲとＢＰＳです。
※ＰＢＲ（倍）＝株価／１株当たり純資産（ＢＰＳ）
※ＢＰＳ（１株当たり純資産）＝純資産／発行済み株式総数
この２つの指標は投資をする前に、絶対確認をしています。

これらの指標は言葉で表現すると、企業価値を純資産だとすると、その企業価値に対して、いくらの株価になっているのかを確認するものです。

なので、PBRが1倍以下でない場合には、その会社の企業価値以上に株価が高いという事になります。

ですから、割安株への投資をする際の基準としては、PBR1倍以下であることを大事にしています。

ただ、株主優待券が人気の銘柄では、株価が高くなっており、PBRでは1倍を超えている銘柄も少なくありません。その場合には、チャートを見て、その会社の株価の動きから、市場が大きく値下がりしたタイミングを狙って投資をしています。ただ、注意が必要なのは、投資する前に、必ずその会社のB／Sを確認する事です。

会社経営をしている人ならわかると思いますが、B／Sにはその会社の有利子負債が書かれています。B／Sの状況を見て、資産に対して、有利子負債の割合を見たり、利益剰余金を見たりすることは最低限必要でしょう。有利子負債があまりに大きい会社は、避けた方が無難です。

逆に利益剰余金が多くある会社は、過去の利益の蓄積が出来ている会社であり、投資対象としてはとても良い会社になります。

こうして銘柄を選別して、あとは、その銘柄を証券会社のお気に入り銘柄に登録して、毎日ウォッチしましょう。

コロナで株価が下がりましたが、あれ程までに株価が一気に下がるケースは十年に一度ぐらいになりますので、そのタイミングで投資するのはなかなか難しいです。

なので、日々の株価の中で、まずは全体の株価が下がっている時に投資をするという事は大事なことです。それだけを心がけるだけでも高値掴みが少なくなります。

Sec.6 将来のひとり社長のための株式投資

まだ株式投資を行っていない方で、これから始めたいと思っている方にお伝えしたいことがあります。

それは、まずは自分が勤めている会社で**従業員持株会という制度の有無を確認すること**です。そして、持株会の制度があったとしたら、毎月最大でいくらの金額の購入が可能で、いくらのキャッシュバックまたは特典があるかということも同時に確認をしてみましょう。

私の知っている会社では、毎月最大で約6万円程の自社株の購入が可能で、25％のキャッシュバックがありました。つまり25％割安で株を購入できるということです。ここまでの素晴らしい制度がある会社は少ないのかもしれませんが、今勤めている会社の制度は絶対に確認をした方が良いです。

そして、自社株買いの特典が良いものであれば、即座に満額の購入をすることをおススメします。

自分の勤めている会社に投資することはリスク分散の観点からは良くないのかもしれませんが、自らが就職して選択した会社ですから、その会社を信じてほしいと思います。

勿論、株価が高いので購入は見送る、という決断も大事です。

次に、ＮＩＳＡを利用しましょう。

ＮＩＳＡは年間で１２０万円の枠の中で、株式の譲渡益及び配当益に係る税金が非課税になる制度です。まずは、1年で１２０万円までという非課税枠を利用して投資をしてみましょう。

インターネット上では、少額を投資しても意味が無いという意見もありますが、決してそんなことはありません。世の中の大半の投資家は少額から投資を始めています。まずは、相場に慣れることがとても大事なのです。

若い頃は、株式投資よりも自己投資に使うべきだというのが定説になっておりますが、勿論、自己投資をすることが一番大事なことだと私も思います。ただ、自己投資＝多額のお金を使うという訳ではないと思います。

勿論、海外のＭＢＡを取得するためにお金を使うとなれば、高額になりますが、資格の学校に通う程度なら、数十万円で済みます。自己投資に費やす金額は人それぞれだと思います。

ですから、自己投資も株式投資も両方すれば良いのではないでしょうか？

投資の神様であるウォーレン・バフェットさんの著書でスノーボールという本がありますが、「投資は雪だるまと同じで、早くから転がしていた方が大きくなる」という話があります。その通りだと思います。１歳でも早く投資は始めた方が良いです。

私は、20歳から投資を始めましたが、苦い経験も積んでおります。株式投資を始めた頃にＪＡＬが倒産し、約20万円で購入した株を0円にしてしまったことがありました。それも今となってはいい経験です。

リーマンショックは大学生の時に経験したのですが、朝起きて、株価をチェックしたら資産が半分になっていたことは忘れもしません。とても辛い経験を積みました。

リーマンショックのような危機は個人が防ぐことが出来ませんが、ＪＡＬについては、個人投資家として出来ることはあったのではないかと思っています。

そこから会社のＢ／Ｓをチェックするようになり、有利子負債の大きい会社には投資をしなくなりました。

こうして、失敗をしながら覚えていくものです。仕事と同じで投資も経験がとても大事になります。

これから低金利の時代が，今後も続いていくことは変わりはないと思いますので、そうした中で、投資のスキルは誰しもが必要になります。

まずは、ＮＩＳＡからはじめて、相場に慣れていくことで、株式投資に対する怖さを無くすことが出来るようになるでしょう。

Sec.7 株式投資を趣味にしよう！

世の中には、様々な趣味を持っている方がいます。

特に、お金がかかる趣味の例を挙げますと、ゴルフ、ライブ鑑賞、釣り、車、旅行、キャンプ、ショッピング、サーフィンなどがあります。

趣味はストレス発散という点においてもとても大事なことですから、私はやるべきだと思います。

但し、ご自身の選んだ趣味がどのくらいお金がかかるのかということを改めて確認する必要があります。

交通費も含めて、一度、ご自身で計算してみましょう！

今一度、費用に見合った楽しさがあるのかを確認する必要があります。

特に、長距離移動が伴うものは、移動の交通費が多くかかりますので注意が必要です。

その点、株式投資は投資金は必要になりますが、その他の趣味とは違いそのお金が決してすぐに無くなる訳ではありません。株価が動くことで、含み益や含み損が出ますが、売却をしない限り、確定はしません。

含み損を出さないために、購入する銘柄と購入時期には細心の注意を払うことがとても大事です。

個別株は保有していれば、その間、配当や優待を受け取ることが出来るので、メリットも多いでしょう。

株式投資は、数多くの書籍が出版されておりますので、図書館に行き、本を借りて、読めば殆どのことを無料で勉強することが出来ます。

そして、株式投資を始めて自分が投資した銘柄の株価が上昇し、含み益が増えてくると、楽しくなってきます。

自分の資産が増えてくると、いずれこの株を売却すれば、すぐにお金にすることが出来るので、貯金に近いような金銭面での精神的な安定にもつながります。

逆に株価が下がったときには、辛い気持ちを感じる方もいるかと思いますが、売却しない限り損が確定することはありません。自分が選んだ銘柄に投資した訳ですから、気長に待っていれば、良いのです。

銘柄選定と購入時期を大きく誤ってしまうと塩漬け銘柄といって、大きな含み損が継続してしまうという問題もありますが、購入を慎重に行えば、ある程度リスクを抑えることが可能になります。

株式投資は、当然リスクはありますが、そのリスクを楽しむことが出来ると株式投資にハマっていきます。

是非、自分で稼いだお金の投資先を自分で選択することの楽しさを味わってほしいと思っております。

最後に、信用取引はリスクが高いのでやめておきましょう！

第5章——【学び&学び直し】
利益率の高いビジネスを研究!
ひとり社長が出来る業種を選んで起業

この章では、社員を雇っていないひとり社長でビジネスを行い、成功しているビジネスモデルをご紹介いたします。ビジネスモデルについて、書ける範囲で細かいところまで書いていこうと思っております。

より皆さんが起業する際にイメージが出来るようになればと思います。

まずは、埼玉県越谷市にある人気ラーメン屋**「こしがや」3代目店主の伊澤さん**よりご協力を頂いて、記載をさせて頂きます。

これからひとり社長としてビジネスを始める予定の方にとっては、参考になる話も多くございますので読み進めてください。

Sec.1 ひとり社長で成功するラーメン屋の経営

ラーメン屋は特段、コロナの影響も少なく、国からの助成金が利益となっている店もあるほど安定した業態です。ラーメン屋の運営ですと、伊澤さんのようなひとり社長で行えるビジネスですが、特にランチタイムは、混雑が予想されるので店舗の規模によりますが、

パートは最低でも1人は雇った方が良いでしょう。会計は全て券売機に任せましょう。

ラーメン屋のビジネスを成功させるために、最も重要なポイントは、「店舗の家賃」です。安い家賃で、ある程度集客が出来る場所を見つけることが出来れば、成功に大きく近づくことが出来ます。

また、出来れば、事業買収や居抜き物件などで店舗を見つけて、初期投資を抑えて開業しましょう。そして、飲食店経営で必ず覚えておかなければならない業界用語の**ＦＬＲ比率**について解説します。

①Ｆｏｏｄ（食材費（原価））、②Ｌａｂｏｒ（人件費）、③Ｒｅｎｔ（家賃）の3つがあります。

①Ｆｏｏｄ（食材費）

食材費を抑えることは、味の低下につながるので、やるべきではありません。ただ、ラーメン屋では麺を自家製麺にすることで、食材費を抑えることが可能になります。

味はお店の最も大事な要素なので、コスト削減ばかりを考えるのではなく、食材費を販売価格の30％以内に抑えるようにして、味を美味しくする工夫をすることが大事です。

②Ｌａｂｏｒ（人件費）

利益を考えた場合、人件費をまず削ることを考えましょう。

社員を雇わず、パートを1人ランチタイムのみで雇うことが出来れば、人件費を大きく抑えることが出来ます。仕込みから開店準備、閉店作業まで全て自分一人でやらなければなりませんので、体力は必要ですが、慣れれば問題ありません。出来たら、休みは週に1日で営業しましょう。

ラーメン屋の平均の人件費は売上高の30％以内というのが定説ですが、それでは高すぎます。ランチタイム時の数時間だけ、アルバイトを雇う体制にすれば、仮に11時から15時までの4時間、時給1，000円で労働をしてもらい、25日働いてもらっても、人件費は10万円にしかなりません。

また、夜の営業も行う場合はワンオペで頑張りましょう。


この例の1か月あたりの人件費10万円とすると、月商100万円のお店でしたら、人件費が10％になります。平均30％から▲20％が可能になり、その人件費分が利益になります。

数ある飲食店の中でラーメン屋を選択した人は、ラーメンが好きという理由で始めた方も多いと思いますが、好きだけが理由だとなかなか長続きするのが大変な業界です。

理由は、労働時間が長く、休みも少ないので、本当に大変な職場だからです。

ラーメン屋の仕事に向いている人は、稼ぎたいという覚悟がある人でないと継続するのが厳しいでしょう。

ですから、人を雇うぐらいなら、その人の分働くからもっと、給料が欲しいというぐらいの気概が必要です。

③Ｒｅｎｔ（家賃）

家賃の金額を計算する際には、月の売上高の**10％以内**に抑えるようにしましょう。

家賃が高いと、利益は出ませんので、ひとり社長でラーメン屋をやる場合には、まず、この家賃を一番に考えるべきです。例えば、家賃10万円の店舗でしたら、月商１００万円の売上高は必要になります。

月商１００万円ということは、週休1日だとすると、１か月の営業日数は25日として、1日当たりの売上高は４万円必要になります。ラーメンの客単価は概ね1，０００円と考えると、１日の来店客数を40人回すことが出来れば問題なしです。なんか出来そうな気がしませんか？

こうやって、家賃から逆算して、1日の必要な来店客数を考えていき、その人数なら集客できる！と自信があれば、失敗しない飲食店経営が可能になります。

ただ、実際には首都圏になると、家賃が最低でも15万円位はかかります。もっと高い店舗も多いでしょう。

なので、目標は月商150万円ぐらいにする必要があります。

1か月の営業日数を25日とした場合、1日当たり単価1，000円で60人は必要になります。

1日60人は来てもらう必要があるのです。お昼と夜も営業すると考えたら達成できない数字ではないでしょう。

●月商150万円のラーメン屋の想定ビジネスモデル

開業資金1，000万円かかるとして、全て借入金で始めたと想定しております（計算を簡略化するため、金利負担は除いております）。

「売上高150万－（食材費37・5万（25％）＋家賃15万（10％）＋人件費10万（6・7％）＋光熱費7・5万（5％））＝80万円」の利益になります。税金面も確認しましょう。次の計算式になります。

法人税等：80万円×約25％＝20万円

消費税：１５０万円×10％＝15万　15万－９万（みなし仕入れ率40％）＝６万

実際には、この利益80万円から支払予定の法人税（20万）及び納める消費税（６万）を差し引いた54万円から開業資金の１，０００万円を借入金で考えた場合、借入金の返済に充てることになります。

借入金１，０００万円の10年返済は、元本返済が毎月約８・３万円になりますので、54万－８・３万＝45・７万円が生活費となります。

一般的には、月の売上高１５０万円あれば、ラーメン屋として継続していくことが出来るでしょう。

借金の返済が終われば、毎月54万円のキャッシュがあることになるので、貯蓄も出来、家族を養うことも出来るでしょう。

尚、この事例で考えますと、損益分岐点は当たり前ですが、70万円になります。

1日当たりの必要な売上高は、客単価１，０００円で1か月の営業日数25日だとすると、28人の客を回せば良いのです。

※損益分岐点の話をしましたが、当たり前ですが自宅の家賃や生活費は、利益から払っていかないといけません。利益が出せないと自分の生活も出来ず、お店の継続は出来なく

なってしまいます。その点はご注意ください。

ラーメン屋を新規出店する際には、特にこの「損益分岐点を下げる」という考え方がとても大事になります。

なぜなら、会社経営において、固定費を下げることは、損益分岐点を下げることに繋がり、倒産しにくい経営をすることが出来るようになるからです。結果的に、ラーメン屋を長く続けることが出来るため、成功へのチャンスが広がります。

そして、売上目標を高く設定する必要が無いため、社長自身の精神的な安定にもつながります。

まずは、経営者の精神的なお金への不安を無くしましょう！

結論ですが、ラーメン屋の開業をする際には「人件費、家賃」といった固定費をおさえて経営をするべきです。

そして、固定費を抑えた中で、売上高を伸ばせるように頑張って店主が沢山働くことで、お客さまから「あの店は店主が毎日頑張っているな」ということになり、味も美味しければ、お客さまも自然と固定客がつくようになるでしょう。

こうした固定客を大事にし、売上高を上げていき、利益を出し、会社の内部留保を貯めていくと、会社経営を長年継続していくことが出来るでしょう。

飲食ビジネスは決して、大きな店舗や多店舗展開を目指すことが全てではありません。小さな街のラーメン屋でも会社員の多くの方が目標にする、年収１，０００万円と同等の利益を上げることも決して難しいことはないでしょう。ラーメン屋は年齢や学歴など全て不要です。体力があれば、出来る仕事です。

ラーメンという商品が国民食であり、商品の数を増やす必要が無いため、フードロスも少なくすることが出来、失敗しにくい飲食店ビジネスになります。

そして、私事ですが、休日に妻と一緒に様々なラーメン屋にランチに行きますが、なぜわざわざ外食するかというと、ラーメンは自宅で作るとスープのコストがかかりすぎて、お店と同じものを食べることが出来ないからです。そこに**ラーメン経営の強みがある**と思います。

また、お店側としてもラーメン屋の食材は味噌、醤油など味は複数有るケースもありますが、ラーメンを食べに来ることは１００％決まっているため、ラーメンの準備だけすれば良いので、たくさんの食材を準備する必要がありません。

一方、ファミリーレストラン、定食屋、カフェでは、様々なメニューがあるため、食材の準備に多くのコストがかかります。また、人材も一人では出来ません。メニューは乗せている以上、全て提供できないといけませんので、フードロスも考えなければなりません。

ところが、ラーメン屋は基本的にはシンプルにラーメンの準備だけで良いのです。

確かに、ラーメン屋はスープ作りに多くの時間がかかりますが、毎日同じスープを作ることで日々美味しいものを試行錯誤して、提供することが出来るので、どんどん研究して美味しいラーメンを作ることが出来るようになります。日々ラーメンスープの研究が出来ることが、ラーメン屋ビジネスの面白いところです。

また、ラーメン屋の将来性ですが、人口が減少しても、コロナがあっても、地震があっても、どんな不況があっても生き残るビジネスだと思います。理由は自宅でお店のようなラーメンを作ることが出来ないからです。そして、加熱調理をしているため、食中毒も出ませんし、それだけ、安定した商売になると思います。

コロナ禍においても、ラーメン屋は1人で来る人も多いため、喋らずに食べたら帰るため、店内でクラスター発生のリスクも低いでしょう。

例えば、飲食店で会社員をしている方や他業種の方で、もっと稼ぎたいと思っていて、体力に自信のある人がいたら、是非ともラーメン屋で起業しましょう。労働時間は増える可能性はありますが、今の給料の2倍もらえる可能性も大いにありますので、チャレンジする価値はあると思います。

最後に、今ラーメン屋でバイトして独立を目指している人にお伝えしたいことは、すぐにでもバイトをやめて、とにかく家賃が安くてラーメン屋の居抜き物件や事業買収案件を探しながら、会社を設立して、お金が無かったら、政策金融公庫からお金を借りてでも、独立してみることをおススメいたします。

なぜなら、自ら開業することで、会社経営の知識を身に付けることが出来ますし、同時にラーメンの作り方も学ぶことが出来ます。結果的に、飲食店経営の全てを学ぶことが出来るからです。

そして、開業する際には、損益分岐点を下げて、まずは事業の継続が出来ることを一番に考えてください。経営はとにかく長く継続していくことがとても大事です。

理由は、長く継続することでラーメンの味も美味しくなり安定してきますし、固定客もついてきます。

また、仮に最初の開業がうまくいかず、倒産してしまったとしても、アルバイトで働いていた時には出来ない貴重な経験を積むことが出来ます。確実に、自分の将来にとってこの経験はプラスになります。

アルバイトしかやっていない人よりも、確実に成長することが出来るでしょう。

理由としては、自分で事業をやってみないと、分からないことがいっぱいあるからです。なので、独立したいと思った方は「まずやってみる」ということが大事です。

ホリエモンの本（『ゼローなにもない自分に小さなイチを足していく』ダイヤモンド社刊）にもありましたが、失敗してもマイナスになることはないのです。0になるだけです。

参考にひとり社長が目指すラーメン屋の収益を上げるモデルを作成致しましたので、図1を参照してください。

こちらを参考にして、ひとり社長でラーメン屋を起業して、お金を稼ぎましょう。

利益率50%を目標にラーメン屋の開店を目指しましょう！

続きまして、**アプリゲームの開発会社のひとり社長ＨｏｔＤｏｇさん**の話もご紹介いたします。ラーメン屋とは真逆のビジネスモデルになります。

アプリの開発は、成功すると労働収入から逃れることが出来る今の時代にマッチした働

図１　収益を上げるモデル

＜一般的なラーメン屋＞

売上高	食材費　（３５％）
	人件費　（３０％）
	家賃　　（１０％）
	その他　（５％）
	利益　　（２０％）

＜ひとり社長が目指すラーメン屋＞

売上高	食材費　（２５％）	←自家製麺を取り入れて原価を下げましょう
	人件費　（１０％）	←社員は採用せず、ランチタイムのみ１人パートを採用しましょう
	家賃　　（１０％）	←家賃の安い集客の見込める店舗で開業しましょう
	その他　（５％）	←水道ガス光熱費等
	利益　　（５０％）	←利益率50％を目標にすると開業がうまくいきます

き方だと思います。

ただ、アプリ開発はラーメン屋よりも非常に難しい作業が必要になりますので、全員が出来るものではないと思います。向いている性格はプログラミングが好きな方というのが、まずは大事だと思います。

彼は、会社員時代からアプリ開発をしており、アプリの収入が会社員の給料を上回ったことから、会社を退職し、アプリ開発会社のひとり社長として長く働いています。

アプリ開発というのは、なかなか素人には出来ないビジネスかと思いますが、時間がかかっても覚える価値のある仕事だと思います。

今や、多くの方がアフィリエイトに夢中になっておりますが、アフィリエイトでうまくいくには運の要素が非常に大きいため、うまくいった理由が分からないことが多く、再現性がありません。

ところが、アプリ開発はすぐに収益にはなりにくいのですが、地道に技術を磨いていくことで、収益を上げるアプリの開発が出来るようになります。起業する方は、皆さん地道に積み重ねることを大事にしている方が多いです。成功に近道は絶対にないので、地道にやっていきましょう。

Sec.2
労働はしないアプリゲームの開発会社

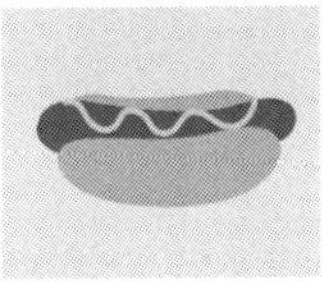

●ストック収入とフロー収入の違いを理解する

ＨｏｔＤｏｇさんの「アプリゲーム開発会社」というと、多くの会社がクライアントから言われたものを作る請負型のアプリゲームの制作会社をイメージするかと思います。ところが、今回のテーマであるアプリゲームの開発会社は、請負会社ではありません。自社開発したアプリを公開して、収益をあげている会社です。恐らく、アプリゲーム業界で見ると、非常に稀なビジネスモデルだと思います。

アプリの開発会社のメリットは、自社開発したアプリから生まれる収益を全て自社で得ることが出来ることです。

ストック収入になるのです。逆に請負会社では、フロー収入になってしまいます。ストック収入は安定した収益を生むことが出来るため、会社の安定した経営に繋がります。

※ストック収入とは、蓄積型の収益のこと。
※フロー収入とは、一過性の収益で安定性が無い。

図2　フロー収入とストック収入

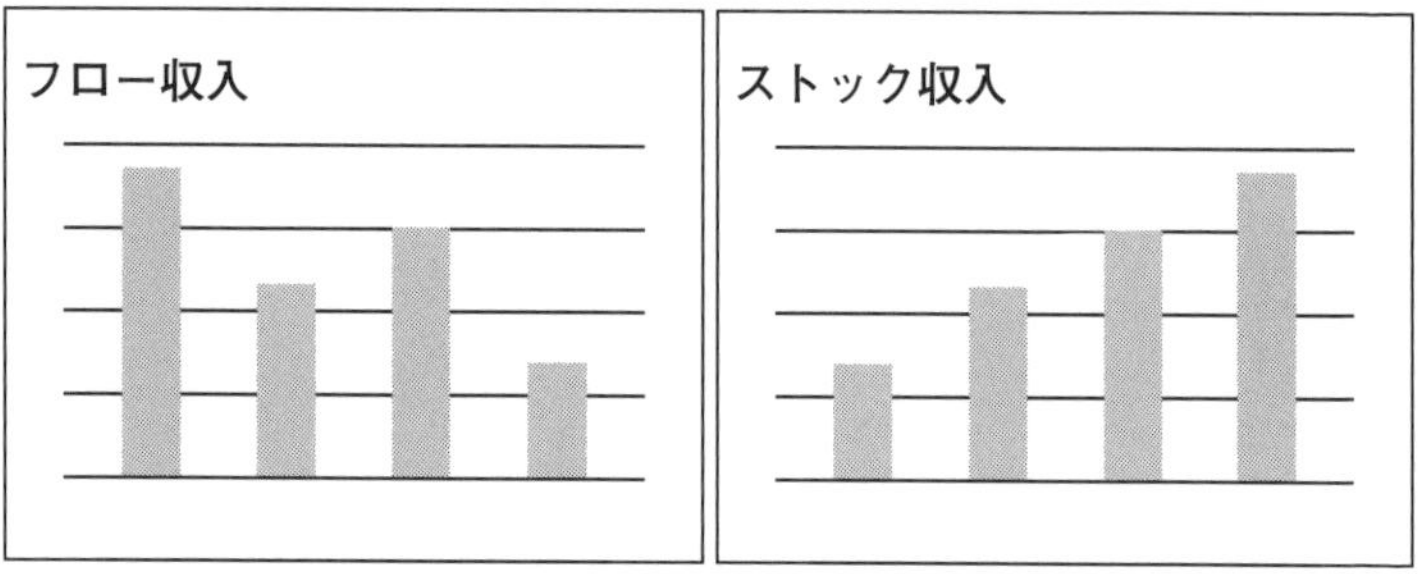

図2を参照してください。

多くの請負型のアプリ制作会社では、アプリを制作して終わりです。

例えば、1つのアプリを1か月で100万円で請け負いをしても、制作したら終わりです。1つのアプリの制作が終われば、また次というように、次から次への労働収入で稼いでいくビジネスモデルになります。ただ、それはあまりお勧め出来ないビジネスモデルです。

理由は、労働収入に頼るビジネスモデルになってしまうからです。

アプリ業界で独立をする多くの方は、「アプリ制作の仕事を受けて、とりあえずやっていこうと思っています。」といって、会社を退職していきます。

実際に、お客さまから「1か月でアプリを100万で作って」と言われて始めると、それに頼ってしまい、自分で自動で稼ぐ仕組みを作れなくなってしまいます。

結果的に、どんどん新しい仕事が来たら、有難い話なのですが、社長自身が手が回らなくなり、社員を雇うこととなります。そうして、社員を養うために、もっと仕事を取って来なければならないという負の連鎖になってしまいます。そして、ゲームの開発依頼が常にあり続けることは難しいので、仕事がストップしたら、社員の人件費だけが固定費として残り、倒産してしまうという事例が発生してしまいます。

ですから、会社事業を安定させるために、アプリ開発のスキルを活かして、自社開発を行いましょう。

ここで、大事なポイントがあります。

アプリの良いところは、自動で稼ぐことが出来ることです。

そのメリットを享受しない手はありません。労働収入じゃないものを少しずつ稼いでいくことが大事です。常に、自動的に稼ぐのは何かを考えないといけません。

例えば、プログラミング教室をやっている会社があって、その会社は教室で収益を上げるのが目的ではなく、

教室を運営して教材を生徒に試すために経営しているとなると、その会社の目的はプログラミング教育教材の販売ということになります。

●自分が働かずに収入を得るには

これは1つの例ですが、いかに自分の手を離れて稼げるようになるかを考えないといけません。

それでは、アプリがどのように収益を生んでいるのかを具体的にイメージが出来るように解説していきます。

アプリの収益は課金などもありますが、一番は広告収入がポイントです。

例えば、ダウンロードしたアプリ内で、動画を見るとポイントがプレゼントされるというものがあります。

その広告動画を見ると、1回の視聴あたり例えば、約0・8円（契約によって異なる）がアプリ制作会社に入ってきます。

例　1日10，000回×0・8円＝8，000円となります。そして、1か月に換算すると、24万円になります。会社員の月給ぐらいにはなってしまいます。

アプリに休日は必要有りませんので、毎日24時間労働収入に頼らずに収益を生むことが出来るということが一番のアプリの魅力でしょう。

アプリゲームは言語を使わないものも多いので、全世界で楽しむことが出来ますから日本市場だけではなく、世界で人気になることが出来る可能性を秘めているので、とても大きなチャンスがあります。

そして、アプリ開発を行い、労働収入から解放されると、様々なメリットがあります。住む場所や仕事の時間など、あらゆる事柄が自由になります。働かなければならないということからも解放されます。真に自分がやりたいことをやることが出来るようになります。働かなくても良いという選択肢があるだけで全く違います。

何よりも仕事をする理由が「楽しいから」になり、アプリゲームを作っていくのが楽しいということになります。


それでは、アプリゲーム開発会社として独立したい人は、まず何をすればいいのかというと、会社員時代に、働きながら、安定的に稼ぐアプリを1個作ることです。月20万、最低でも月10万円は稼げるアプリを作りましょう。アプリ開発会社で成功している彼は、仕事が終わったら家に帰って、3時または4時ぐらいまでアプリを作って、翌朝10時ぐらいに出社することを繰り返していたそうです。

アプリが完成するまで、睡眠時間3～4時間ぐらいを継続していたということです。

個人的には睡眠時間を削減することは仕事の能率を下げることになるので、推奨しませんが、会社員を続けながら、独立を目指す場合、どうしても限られた時間になるため、休日や空いている時間の全てを捧げるぐらいの圧倒的な努力が必要です。

どの業界にも言えることですが、独立するためには会社員時代に圧倒的な努力をする必要があります。

周りの会社員と同じ行動をしていては、絶対に独立することは出来ません。

仕事終わりに社内の人と飲みに行くことなんてありえませんし、その誘いには全て断るぐらいの勇気は必要です。

①ではラーメン屋をご紹介し、②ではIT関連のアプリ開発会社をご紹介しました。

この2つの事例と全く同じやり方をすれば必ず成功する訳ではありませんが、失敗を防ぐことが出来ます。失敗しなければ、チャレンジを続けていけば、いずれ成功します。これを目指して、会社を経営していきましょう。

そして、取材をすると、両社は正反対のようなビジネスモデルですが、両社長の共通点を見つけることが出来ました。

それは、決めた目標に対して努力を惜しまないということです。

当たり前のようですが、これがとても難しいのです。

■学び&学び直しの〝気づき〟

アプリ開発会社の社長は、「働きたくない」という思いが強く、働かないためにどうするのかを考え、得意なアプリ開発を選択し、アプリの開発をひたすら頑張り、収益を生み出すアプリの開発に成功し、会社を退職するという決断をしています。

彼は、今もアプリの開発を続けているので実際には働いていますが、彼が言うには、「働かなければならないから働いているのではなく、働かなくても良いけど楽しいから働いているんだ」ということです。

そこまで行くにはなかなか難しいとは思いますが、アプリ開発はそれだけ収益性の高い仕事なので、成功すると、お金の心配を無くすことが出来ますので、挑戦する価値があると思います。

また、ラーメン屋の社長もラーメン屋の経営を始めてから、利益を出すために、殆どワンオペで努力を続けています。労働時間は休憩時間もありますが、6：00〜21：00です。スープの仕込みに4時間もかかっているとのことで、開店時間を考え逆算すると、6：00ぐらいからスープづくりを始めないと間に合わないと言ってました。

これだけ働ける覚悟が凄いなと素直に尊敬しますが、両社長とも自分の目標を達成するために、努力をすることが当たり前と思っていることに、とても感心いたします。
今現在、独立を志していて、努力をされている方も多くいらっしゃると思いますが、「努力の方向性」を間違えてしまうと、いくら努力してもうまくいきません。

今やっている努力が正しい方向に向いているのかを相談できる相手がいた方が間違った努力をする危険はないと思います。当社でも無料で経営相談を行っておりますので、宜しければご相談下さい。最後に、私の本業である保険代理店業についても解説させて頂きますので、ご参照ください。

Sec.3 保険代理店の経営というビジネスモデルは？

●仕入れ・在庫のないビジネス
保険業界の最大のメリットは原価がかからないことです。
これはとにかく一番のメリットです。他の業種と違って、仕入れがありません。
保険代理店は、保険を保険会社から購入して、販売するというものではありません。

生命保険の保険代理店を例にしますと、保険会社の商品をお客様に説明して、ご契約して頂いた際には、お客さまは保険会社に保険料を毎月又は毎年お支払いして、代理店は保険会社から手数料を頂くというビジネスモデルです。

なので、在庫を抱えるリスクもありませんし、フードロスというリスクもありませんので、利益率の高いビジネスモデルになります。

そして、ひとり社長で営業されている方は、人件費もかかりませんし、自宅事務所の場合、家賃もありません。

先ほどの飲食店の例でいうと、ＦＬＲは０円で抑えることも可能になります。

想定する固定費について、イメージをつけやすくするために、事例を紹介いたします。

例ひとり社長が自宅で開業した場合の固定費

水道光熱費１万、交通費２万、電話代１万、通信費１万、郵送代１万、交際費１万ぐらいだとすると、合計で７万円の固定費なります。

※車が必要なエリアなどもありますし、人それぞれ営業の仕方もありますので、数字が異なります。

こちらの数字は、あくまでも概算として捉えてください。

先ほどの飲食店と比較すると、固定費を大きく抑えることが可能になります。

この例ですと、売上高が毎月7万円以上が損益分岐点となります。

但し、生活していくために必要なお金は別途かかりますので、このままの売上高だとビジネスの継続が出来ませんので、注意が必要です。

●お客様を探してくるしかない

ここで、大事なポイントがあります。それは飲食店と違い、集客が難しいのが保険代理店の最大の問題点です。

保険の集客は広告費をかけても殆ど効果が無いと言われています。

なので、自らの人脈で集客するしかありません。

ですから、人脈や自らにお客様がいない状態で、いきなり開業しても事業に失敗してしまいますので、注意してください。

保険は形や目に見える商品ではないので、勿論、保険会社の商品力もありますが、その商品内容を説明する保険代理店の営業マンの言葉や態度からお客さまは、その保険商品の良し悪しを判断することになります。

そのため、営業活動において、「営業マンの人柄」がとても大事になります。

この仕事に向いている方は、まずは金融業になるので、数字に強いこと、人柄が誠実なこと、時間や約束を守ること、コミュニケーション能力が高いこと、人の役に立ちたいという思いが強いこと、などがあります。

保険代理店業はお客様がいないと、やりたくても、独立が出来ない仕事です。

独立を目指す方は、生命保険会社であれば、どこかの生命保険会社に就職し、人脈を作って、保険代理店として独立するということになるでしょう。


ここまで、ひとり社長の3つのビジネスのご紹介をさせて頂きましたが、その他にも様々なビジネスがあるかと思います。この3つのビジネスの共通点として、とても大事なポイントがあります。

それは、「**利益率の高いビジネスであること**」です。

この点は外すことが出来ません。なぜなら、ひとり社長のビジネスでは、薄利多売のビジネスは出来ないからです。どうしても限られた時間の中で、出来る仕事は1人では限界があります。

そのため、大きな売上高が必要な利益率の低い仕事は出来ません。

そうなってくると、ひとり社長で起業を考えますと、必然的に利益率の高い仕事という視点で、仕事を探していくことになります。以下、参考になればと思い、ひとり社長でも出来るビジネスを紹介していきます。

- 士業（税理士、弁護士、司法書士）
- コンサルティング会社
- デザイン会社
- WEB関係の会社
- 現場関係の仕事（大工など）

その他にも、沢山あるかと思いますが、このぐらいにします。

皆さんも利益率の高い仕事という視点で、自分のスキルを活かせる仕事を探してみて下さい。ひとり社長として、自分のやりたい仕事で、独立する方が増えていく世の中を願っています。

あとがき

ここまでお読み頂き、誠に有難うございます。

ひとり社長のためのこの本を上梓するにあたりまして、筆者はこの本を通じて、伝えたい思いがありました。

それは、嫌々会社員を続けている人に、独立の選択肢があることを知ってもらいたいということです。

独立というと、今でこそハードルが下がっておりますが、どうしてもリスク（危険）が高い、自分には無理だ、お金がかかるなど、負のイメージが多くあります。

例えば、親戚や友人の中で会社を倒産させた人がいたとしたら、その人達の大変な状況を知ってしまい、自分は安定した会社員という道でいこうと考える人もいるかもしれません。

確かに、多くの中小企業が長続きせず、倒産をしている実態はあります。

特に飲食店は倒産件数が多いです。業種によっても倒産率は異なるので、独立を考えている人は、自らが独立する業種の倒産率を調べてみると参考になると思います。

確かに独立することは倒産リスクがありますが、倒産リスクを極限まで引き下げて独立する方法があるということをこの本を通じて伝えてきました。

その起業の倒産リスクを最も削減する方法が、「ひとり社長で人も雇わず、事務所を持たないこと」です。

このように固定費を最小源にしたビジネスを始めることで、損益分岐点を引き下げることが出来、会社の倒産リスクを圧倒的に引き下げることが出来、安心して起業することが出来ます。


現在でも会社員が合わずストレスを溜めながら働き続けている人が、この世の中で沢山いると思います。

それでも家族のために、愚痴を言いながら、働き続けているのだと思います。

どうしても、組織に属して働くことを楽しめない人は一定数いるでしょう。

会社は学校と同じで、決められた組織の中で、優劣があり、どうしても組織の中で立ち回りの上手な人が出世していきます。頑張ったからや仕事が出来るからで、必ず出世するものではなく、上司の好き嫌いで出世が決まってしまうケースも多いでしょう。

特に、仕事の結果が数字で見えないような仕事も多いので、社内での人間関係が一番大事になります。

自分と性格の合う上司であれば、仕事も楽しいですが、性格の合わない上司に出会った時には、最悪でしょう。

多くの方がそうしたストレスを感じながら、家族のために毎日懸命に働いていることかと思います。

会社で働くことが辛くて、ストレスを貯めて病気になったり、鬱病になったり、自殺をしてしまったりなど会社員を続けていくことでの精神的な負担から生じる病気のリスクというのは、統計データが無いので分からないのですが、私は相当あると思っています。

人間はストレスを感じると、そのストレスから逃れようと本能的に行動する生き物なのだと思います。

ストレスが原因で病気になるということは、この会社から脱出した方が良いという身体からのサインだと考えた方が良いでしょう。

私も生命保険会社で代理店営業という仕事をしていた際に、仕事内容が全く合わず、とても仕事が精神的に辛かったため、仕事中に強い腹痛に追われて、救急車で運ばれるということがありました。

結局、腹痛のみで、何の病気でもなかったのですが、ストレスが原因であることは確実だと思います。

その件があってから、独立を考えた訳ではありませんが、私は自分の気持ちに常に向き合って、自分が素直にやりたいと思うことを仕事にしていこうと決心して、予定よりも早く独立の道を選択しました。

勿論、仕事なので趣味のように楽しいことだけではありませんので、ある程度の妥協点は必要ですが、自分のやりたい仕事を探していきましょう。私は、自分自身の気持ちと向き合う時間を多くの方に作って頂きたいと思います。具体的には毎日、日記を書くことをおススメしております。

日記を書くと、自分の気持ちを整理することが出来るため、とても効果的です。

そして、自分は何をしている時にやりがいを感じるのか、楽しいのか、何をしている時に辛いのかということを研究し、自分がやりたい仕事を探していきましょう。

そのやりたい仕事が会社員でも出来るのであれば、会社員を続けていくことで幸せになれると思いますし、
逆にその仕事が独立しなければ出来ないようであれば、独立を目指しましょう。

多くの方が自分のやりたい仕事が出来る世の中になってほしいと願っています。

今回、本書を執筆するにあたり、多くの方に大変お世話になりました。誠に有難うございます。

そして、いつも大切な保険をご契約頂いているお客様、不動産会社様をはじめとする提携先の皆様にこの場を借りて心より感謝申し上げます。

２０２１年９月

小宮　崇之

小宮崇之（こみや・たかし）
株式会社コミヤ保険サービス 代表取締役社長
CFP®（公認ファイナンシャルプランナー）
大学卒業後、信用金庫に入社。金融機関から独立して、中立的な立場でお客様目線で営業をしたいという思いから、保険代理店として独立を決意。まずは、保険代理店の経営を勉強するため、外資系保険会社の代理店営業職を経て、損保ジャパンの研修生を５年間経験し、２０２０年９月に保険代理店として独立。２０２１年にお客様への正しい情報提供をするため、CFP 資格を取得。
現在は、損害保険、生命保険の代理店として、日々お客様のために行動している。CFP の知識を生かして法人様、個人様の損害保険、生命保険をお客様目線で、コンサルティングできるのが強み。

URL：https://tk-hoken.com/

ひとり社長《しゃちょう》の経営《けいえい》サバイバル

2021年12月16日　　初版発行

著　者　小　宮　崇　之
発行者　和　田　智　明
発行所　株式会社　ぱ る 出 版

〒160-0011　東京都新宿区若葉1-9-16
03(3353)2835ー代表　03(3353)2826ーFAX
03(3353)3679ー編集
振替　東京　00100-3-131586
印刷・製本　中央精版印刷(株)

ISBN978-4-8272-1306-5　C0034